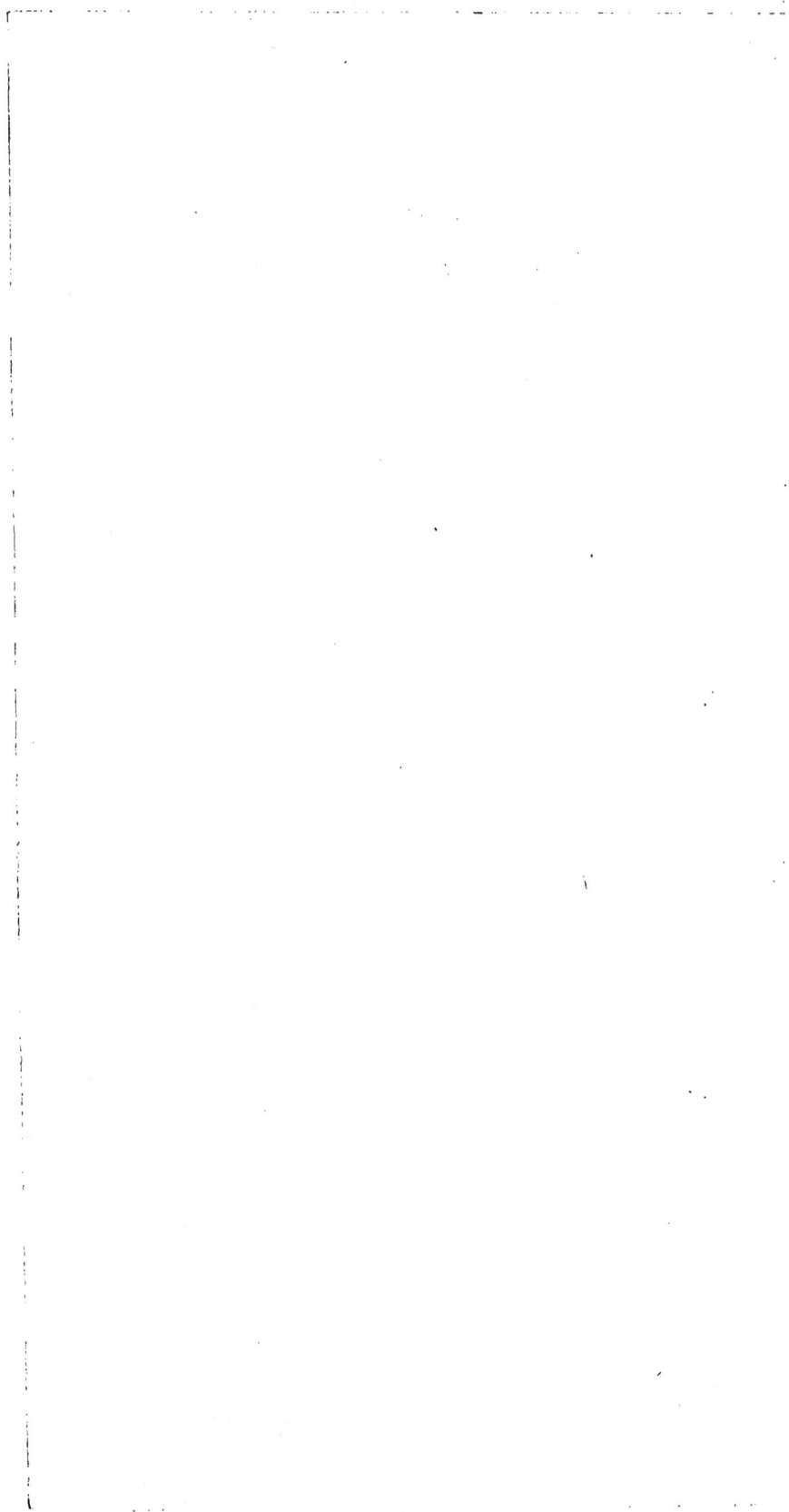

BIBLIOTHÈQUE

RELIGIEUSE, MORALE, LITTÉRAIRE,

POUR L'ENFANCE ET LA JEUNESSE,

APPROUVÉE

PAR M⁺ L'ARCHEVÊQUE DE BORDEAUX,

DIRIGÉE

PAR M. L'ABBÉ ROUSIER,

Directeur de l'œuvre des Bons Livres, Aumônier du Lycée
de Limoges.

NAPOLÉON EN RADE A PLYMOUTH.

VEILLÉES

DE MORAINE   GUILLER   EUNIER

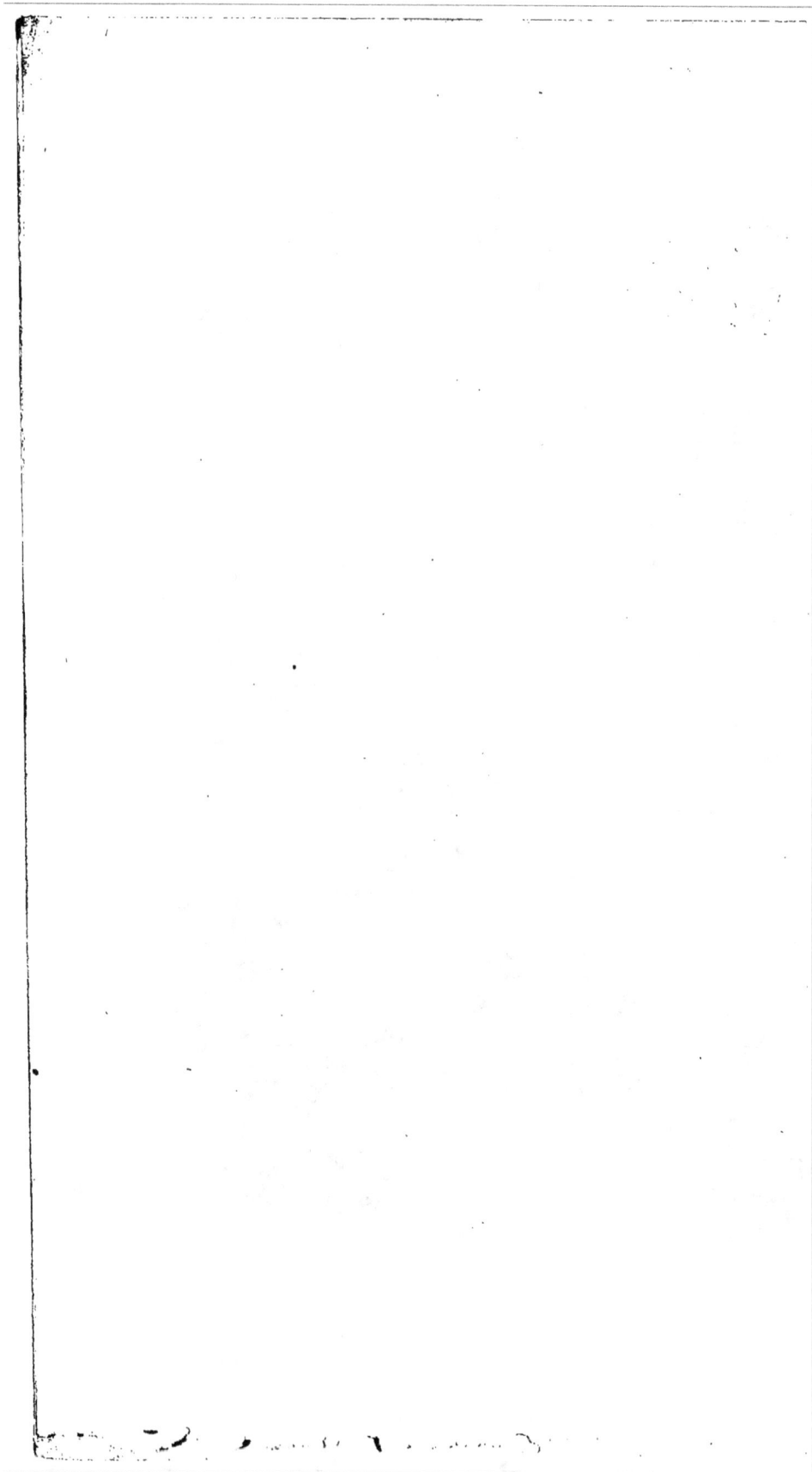

LES

VEILLÉES AU VILLAGE

OU

SOUVENIRS D'UN VIEUX SOLDAT

PAR

A.-E. DE SAINTES.

LIBRAIRIE DES BONS LIVRES.

LIMOGES	PARIS
Chez Martial Ardant Frères,	Chez Martial Ardant Frères
Rue des Taules.	Quai des Augustins, 25.

1851

INTRODUCTION.

Il se publie tous les ans tant de contes et d'historiettes pour amuser les enfants qu'il devient de plus en plus difficile de faire pour cette classe de lecteurs quelque chose de nouveau. J'avais presque renoncé à ce genre de composition, lorsque l'hiver dernier, ayant été obligé, pour quelques affaires d'intérêt, de me rendre dans un assez gros village de la

Nièvre, à soixante lieues de Paris, j'arrivai à ce village le jour même où la personne que je devais y voir, mais qui n'était pas prévenue, venait de s'en éloigner pour un petit voyage de quarante-huit heures. Ne voulant pas manquer le but que je m'étais proposé en quittant Paris, je résolus d'attendre le retour de mon voyageur; et pour cela je cherchai à passer mon temps, pendant son absence, le moins désagréablement possible, pour ne pas m'ennuyer.

L'aubergiste chez lequel j'étais descendu m'avait l'air, d'une bonne personne : c'était un de ces campagnards à visage ouvert et réjoui. Je le vis le soir prendre, avec un certain empressement, sa lanterne pour sortir. Je lui demandai, tout en me chauffant sous sa large cheminée de cuisine, où il pouvait aller à cette heure. — A la veillée d'un de mes voisins, me dit-il. — La veillée! est-ce qu'il y en a encore au village? Assurément, répond mon hôte en souriant; et, sans cela, que voudriez-vous que devinssent les anciens militaires retirés dans leurs foyers, et qui aiment naturellement à raconter leurs campagnes? — C'est donc chez un vieux militaire que vous allez? Il me fit un signe affirmatif, en ajoutant : — Venez avec moi, et vous verrez si le *Père La Pensée* mérite que l'on se dérange pour l'entendre. — Et c'est lui qui vous entretient tous les soirs de ses exploits? — Ses récits, je vous assure, sont fort divertissants. — Des récits de batailles pourtant, cela est bien usé. — Pas tant que vous croyez dans la bouche de notre vieux grognard. — Je me levai, en disant, d'un air insouciant : Hé bien! allons voir ce phénomène. L'aubergiste marcha devant; je le suivis. En route, il me dit encore : Notre voisin n'est pas cérémonieux; on se met bien vite à l'aise avec lui. Pourtant, quoiqu'il ne soit ni jeune ni ingambe, il est complaisant, poli et fort gai. Nos jeunes garçons, nos jeunes filles, les papas, les mamans, chacun le recherche et l'aime; et, quoiqu'il ne soit ni le maître d'école ni le curé de l'endroit, il a une manière de moraliser et d'instruire qui satisfait tout le

monde, et sans que jamais personne s'en fâche. Pour moi, je me suis si bien trouvé de
ses conseils que je l'entends toujours avec
un nouveau plaisir. Mais nous voici arrivés,
reprit l'hôte, en s'arrêtant à une porte à laquelle il frappa.

Nous étions au bout du village, devant une
maison de peu d'apparence, mais d'un aspect
décent et honnête.

Ce n'était pas précisément une habitation
de forme bourgeoise; pourtant elle eût été
trop bien pour un simple paysan, quoique
couverte moitié en chaume et moitié en tuiles.
— Nous entendîmes du dehors le bruit de quelques voix. On vint nous ouvrir.

Nous entrâmes. — Mon hôte me conduisit
tout droit au maître de la maison. C'était un
vieux soldat en uniforme, membre de la Légion-d'Honneur, portant sur la manche de sa
redingote bleue un galon de sergent et plusieurs chevrons. Il était assis dans un antique
et large fauteuil à bras, garni de cuir, noirci

par le temps ; on l'entourait déjà assez bruyamment. — A la vue d'un étranger, il se leva avec empressement et me salua. — L'aubergiste porta la parole. Voisin, voilà un Parisien qui est descendu à mon auberge ; je lui ai parlé de vos veillées, et, comme il doit rester quelques jours avec nous, je me suis permis de vous l'amener, persuadé que vous seriez bien aise de faire connaissance ensemble.

Le Père La Pensée s'inclina vers le voisin, auquel il donna une poignée de main : pour moi, debout, je promène mes regards sur ce qui m'entoure, et je vois de bons villageois, des enfants rassemblés en cercle, qui écoutent et m'examinent. Le vétéran souriait à tout le monde avec bonté. Ce tableau me plut. — Et Monsieur a consenti, prononça modestement l'invalide, à venir s'ennuyer avec vous, mes bons amis, en écoutant les récits du vieux conteur. — Je saluai de nouveau le Père La Pensée, dont la figure un peu ridée, mais vermeille, annonçait la santé, la satisfaction. Je lui en fis mon compliment. — Vrai, me ré-

1..

pondit-il, ma figure me fait encore honneur;
mais ce sont mes jambes, mes diables de
jambes qui, après avoir parcouru tant d'é-
tapes, me font à présent faux bond. La langue seule me reste; c'est un bel instrument
assurément, et je m'en sers le moins mal que
je puis....

L'ancien militaire était entouré par les habitués de sa veillée, formant un groupe d'une
vingtaine de personnes environ. Pendant qu'il
parlait, chacun s'occupait, suivant son goût,
d'un travail utile. Les uns taillaient du chan-
vre, d'autres le filaient : les vieilles femmes
tricotaient, les enfants, les coudes appuyés
sur les genoux, attendaient avec impatience
que leur vieil ami commençât ses histoires.
Ce soir-là, le Père La Pensée crut devoir faire
précéder ce qu'il avait à dire d'un petit discours qu'il jugea à propos de m'adresser, et
que voici :

« Mes bons amis, je ne demande pas à Mon-
» sieur qui il est : sa recommandation se lit

» suffisamment sur sa figure ; et d'ailleurs no-
» tre voisin ne l'accompagne-t-il pas? mais, si
» je ne connais point Monsieur, ce que je
» regrette beaucoup, les honnêtes gens étant
» toujours bons à connaître, il n'y aura pas
» de mal que, moi, je lui apprenne quelque
» chose de ma personne, afin qu'il ne soit
» point trop étranger dans notre réunion. »
Je voulus répondre, le vétéran reprit : « Vous
saurez, Monsieur, que je suis un ancien
militaire, un vieux soldat, né dans ce village.

» Mes proches y cultivèrent longtemps, Dieu
merci, leur petit domaine. Ils se sont retirés
les uns après les autres de ce monde, pour en
habiter un autre, meilleur sans doute, me
laissant seul ici.... sans parents.... sans amis...
— se reprenant : Quand je dis *seul*... on n'est
jamais seul, sans parents ni amis, au milieu
de ces braves gens... qui m'en tiennent lieu...»
Petits et grands tendent les bras à l'ancien
soldat.

Ce tableau de la vieillesse unie à l'enfance
me touche et me charme. Le vétéran reprend :

« Sans être riche, les auteurs de mes jours
avaient une petite aisance; ma pension, ma
croix, tout cela réuni, me met à même de
faire un peu de bien...

» J'avais quitté mon village à dix-huit ans;
c'était avant la révolution. Un diable de pays,
sergent dans le régiment Royal-Dauphin, pré-
tendit que j'étais bel homme, et que le roi serait bien aise de me voir. — Je le crus et le
suivis, à l'insu de ma famille. Mon père m'en
a gardé longtemps rancune, et j'eus le malheur
de le perdre jeune. Quant à ma mère, elle
pleura longtemps et ne sécha ses larmes que
lorsque son fils, plein de gloire, comme
elle le disait, vint recevoir son dernier soupir... » — Ici le Père La Pensée fit une pause.
Tout le monde, les yeux fixés sur lui en silence, le regardait avec intérêt.

« J'avais alors montré mon uniforme dans

plusieurs capitales où les Français prome-
nèrent longtemps leurs victoires; mais aujour-
d'hui tout cela n'est que fumée; car qu'en
reste-t-il? pas grand'chose; quelques souvenirs... pourtant tout cela est là (il montre sa
tête), dans cette vieille caboche grisonnée; et
pour un ancien soldat, les retracer... ça fait
plaisir encore... » — Se tournant de mon
côté : « Avez-vous servi, Monsieur? — Oui,
mon brave... — Je n'ose pas vous demander
si vous étiez des nôtres à *Friedland*, à *Wagram*, à *Eylau?* — J'étais à Eylau. — Eylau!
c'était ça une bataille!... Napoléon l'appelait
celle des géants!

» Vous me rajeunissez de vingt ans! continua le sergent avec enthousiasme en sautant
sur ma main qu'il serra fortement. — Oh! que
je suis heureux! s'écria-t-il, que je suis heureux!... puis, se calmant tout-à-coup et portant la main à son bonnet... Mais à présent
que j'y songe... Monsieur était officier, mon
supérieur peut-être?...—Un humble fantassin,

et non pas décoré comme vous..... — Le vieillard parut se remettre; il reprit peu à peu son assurance. « Mon nom de *La Pensée* n'est qu'un sobriquet que mes camarades m'ont donné au régiment, parce que assez souvent je paraissais sérieux et pensif, en songeant à ma pauvre mère. Mon véritable nom est tout bonnement celui de Pierre Dufour. Des malins m'ont bien dit quelquefois, pendant que j'étais au service, que ce surnom de *La Pensée* me porterait bonheur, parce que le maréchal de Catinat l'avait reçu de ses soldats; mais va-t-en voir s'ils viennent, Jean...

» C'est après avoir fait la guerre vingt-cinq ans, après un service actif de plus de trente, que je revins dans mon village où je ne tardai pas à rester le seul de ma famille.

» J'y ai vieilli à mon tour... et, depuis quelques années, à présent surtout que je commence à radoter un peu, j'ai prié ces bons amis de se réunir quelquefois le soir chez moi, avec leurs femmes et leurs enfants. — J'ai beaucoup voyagé, j'ai beaucoup lu, beaucoup vu : je fais part aux uns des fruits de mon expérience, aux autres de ce qui peut les instruire... cela ne les amuse peut-être pas toujours... » — De tous côtés on entend ces cris : Si! si! Père La Pensée, toujours! — « Je tâche, au reste, dans tout ce que je leur dis (que voulez-vous, c'est le faible d'un vieux militaire), de ne pas trop y mêler des combats et des batailles. »

Les bonnes façons du vétéran, et cette franchise naïve qui coulait de ses lèvres, me le firent, dès ce moment, aimer et respecter. Pendant tout le temps que je demeurai au village, j'assistai à ses veillées, m'occupant le jour de mes affaires, et le soir de l'entendre. Les contes du bon invalide et ses utiles leçons restèrent gravés dans ma mémoire. A mon retour à Paris, j'en formai le recueil que j'offre maintenant au public. Puisse-t-il le recevoir avec autant d'empressement que j'eus de plaisir à écouter celui dont je ne fais que transmettre aujourd'hui les intéressants récits.

A. E. D. S.

PREMIÈRE VEILLÉE.

L'ARMÉE FRANÇAISE EN ÉGYPTE.

Vous qui m'écoutez, vous saurez d'abord que je faisais partie de la fameuse expédition d'Egypte.

Grenadier dans la 1re compagnie du 1er bataillon de la 32e demi-brigade, j'ai bien, je crois, autant qu'un autre contribué à sa conquête ; ce que je ne vous dis pas pour me vanter pourtant. Les Français arrivèrent en Afrique au nombre d'une quarantaine de mille bons lurons, ayant Bonaparte à leur tête. L'amiral Bruéïs, marin comme poisson, brave

comme César, conduisait la flotte composée de plus
de 400 bâtiments. Je m'en souviens comme si c'était
d'hier : ce fut le 2 juillet 1798 que l'on aborda la
côte et que nous débarquâmes. L'Egypte, que vous
n'avez jamais vue, et que je me plais, moi, à vous
faire connaître, pour votre instruction, me parut
d'un aspect bien différent au reste de notre France ;
vous pouvez m'en croire. Premièrement, ce pays,
dont le sol a quelque chose de rougeâtre, est souvent
plein de sable, et varie comme les saisons.

« Dans les mois de notre hiver, lorsque la nature,
morte pour nous, semble avoir porté la vie dans ces
climats, la verdure des prairies émaillées de l'Egypte
charme les yeux. Les fleurs des citronniers et d'une
foule d'arbustes odorants parfument l'air ; les troupeaux répandus dans la plaine animent le tableau.
L'Egypte ne forme alors qu'un jardin délicieux, quoiqu'un peu monotone ; car ce n'est partout qu'une
plaine terminée par des montagnes blanchâtres, et se-
mées de quelques bosquets de palmiers. Dans la saison
opposée, ce pays ne présente plus qu'un sol fangeux
ou sec et poudreux ; que d'immenses champs inondés,
de vastes espaces vides et sans culture ; des campagnes où l'on n'aperçoit que quelques dattiers, des
chameaux et des buffles conduits par de misérables
paysans nus et hâlés, hâves et décharnés ; un soleil
brûlant, un ciel sans nuages, des vents continuels
plus ou moins violents. » C'est M. Malte-Brun qui
dit tout cela, et je l'ai vérifié sur les lieux. Beaucoup
de monuments antiques, des villes debout ou en

ruines, attestent la grandeur des souvenirs de cette
contrée jadis si renommée.

ALEXANDRIE.

« Parmi les lieux de nature à produire l'étonnement, il en est peu qui réunissent autant de moyens
qu'*Alexandrie*. Le nom de cette ville, qui rappelle
le génie d'un homme si étonnant (Alexandre-le-
Grand) ; le nom du pays qui tient à tant de faits et
d'idées ; l'aspect du lieu qui présente une physionomie si pittoresque ; ces palmiers qui s'élèvent en
parasol ; ces maisons à terrasses qui semblent dé-
pourvues de toits ; ces flèches menues et grêles des
minerets qui portent une balustrade dans les airs :
tout avertit le voyageur qu'il est dans un autre
monde. Descend-il à terre ? Une foule d'objets divers
vient l'assaillir par tous les sens. C'est une langue
dont les sons âcres effraient son oreille ; ce sont des
habillements d'une forme bizarre, des figures d'un
caractère étrange. Au lieu de nos visages nus, de
nos têtes enflées de cheveux, de nos habits courts
et serrés, il regarde avec surprise ces visages brûlés,
ornés barbes et de moustaches ; d'étoffes roulées en
plis sur une tête rase ; ce long vêtement qui, tombant du cou au talon, voile le corps plutôt qu'il ne
l'habille ; ces pipes de six pieds dont toutes les
mains sont garnies ; et ces hideux chameaux qui
charient l'eau dans un sac de cuir ; ces ânes sellés et

bridés qui portent légèrement leurs cavaliers en
pantoufles, et ce marché mal fourni de dattes et de
petits pains ronds et plats ; enfin cette foule immense
de chiens errants dans les rues, et ces espèces de
fantômes ambulants qui, sous une draperie d'une
seule pièce, ne montrent d'humain que deux yeux
de femme. Dans ce tumulte, tout entier à ses sens,
l'esprit de l'observateur est nul pour la réflexion. Ce
n'est qu'après être arrivé à la ville, quand on vient
de la mer, que, devenu plus calme, on peut considérer avec attention ces rues étroites et sans pavés,
ces maisons basses et dont les jours rares sont mar-
qués par des treillages ; ce peuple maigre et noirâtre
qui marche nu-pieds, et n'a pour tout vêtement
qu'une chemise bleue, ceinte d'un cuir ou d'un
mouchoir rouge. Déjà l'air général de misère qu'on
remarque sur tous les hommes, et le mystère qui
enveloppe les maisons, font soupçonner le règne
de la violence, et la défiance de l'esclavage. Mais un
spectacle qui bientôt vient absorber toutes les idées,
ce sont les vastes ruines qu'on aperçoit éparses du
côté de la terre. Pendant deux heures de marche,
on suit une double ligne de murs et de tours qui
formaient l'enceinte d'Alexandrie. Le sol se trouve
couvert de débris de leurs sommets : des pans entiers
sont écroulés, les voûtes enfoncées, les créneaux
dégradés et les pierres rongées, défigurées par le
salpêtre. On parcourt une vaste intérieur sillonné de
fouilles, percé de puits séparés par des murs, encombré, semé de colonnes anciennes, de tombeaux

RÉSIDENCE DU PACHA, au Caire.

Page 37.

modernes, de palmiers, de nopals, et où l'on ne trouve de vivant que des chacals, des éperviers et des hiboux. »

Ce n'est plus M. Malte-Brun qui parle ainsi, c'est M. de Volney; et, comme M. Malte-Brun, je me suis encore convaincu par moi-même, passant par Alexandrie, que M. Volney avait raison.

LES MAMELUCKS.

Pendant le séjour que je fis en Egypte, je fus frappé surtout de la différence qui existe entre les mœurs des peuples de ces contrées et les nôtres, auxquelles elles ressemblent si peu. Si j'étais un savant, je vous conterais cela avec tous les détails de la science; mais, dans mon ignorance, je ne puis que vous rapporter quelques traits tout bonnement dits à ma manière.

Les Mamelucks, divisés en vingt-quatre classes, semblaient, à notre arrivée, être les maîtres de l'Egypte; chaque classe avait un chef puissant, ayant à sa solde une cavalerie légère, intrépide et nombreuse. Il faut vous dire que cette cavalerie se compose et se recrute sans cesse de jeunes esclaves blancs et noirs, achetés sur tous les points du globe. Ces esclaves sont élevés avec soin dans la maison de leurs maîtres dont ils deviennent la force, l'appui et souvent les successeurs.

Deux beys ou chefs plus puissants que les autres,

étaient, par leur fortune et leur état militaire, en quelque sorte souverains de l'Egypte et maîtres du gouvernement.

Le pacha, envoyé de Constantinople, n'avait que l'ombre du pouvoir. Il habitait la citadelle du Caire, où était son palais. Les Egyptiens se trouvaient divisés en plusieurs classes, et le *miri* ou impôt, toujours arbitrairement perçu dans ces contrées, pesait principalement sur les *fellahs* ou paysans laboureurs auxquels on confiait la culture des terres.

Ces paysans, après d'abondantes moissons, recueillies péniblement, manquaient souvent du nécessaire, tant étaient grandes, à leur égard, les exactions des agents du pacha, ou, pour mieux dire, des Mamelucks. Les terres, en Egypte, appartiennent au fisc ; aussi le peuple cultivateur ne s'y attache-t-il point.

Quand nous arrivâmes, ce pays offrait un tableau peu flatteur de grandeur déchue et de misère croissante ; c'est peut-être aussi la cause de la paresse naturelle des habitants de l'Egypte. En général, les Egyptiens ont toujours été un peuple indolent, et que la chaleur du climat dispose continuellement à l'oisiveté.

Je crois pourtant que, si les terres eussent été la propriété personnelle des fellahs ou paysans laboureurs, on n'en verrait point autant sans culture. Le cultivateur, dans tous les lieux où il s'est établi en Egypte, ne défend pas plus ses fruits ou ses grains contre les voleurs de tout genre qu'il ne les défend contre les crues du Nil ou les oiseaux du ciel.

J'ai vu souvent, dans nos rondes autour du Caire, des âniers, les premiers venus, se jeter dans des champs d'ognons ou de concombres, dans des jardins semés de légumes, en enlever tout ce qu'ils trouvaient, et revenir paisiblement à la ville, chargés de leur butin, sans que ce brigandage, presque continuel, fût réprimé par l'autorité locale qui, à son tour, venait demander au malheureux paysan son *miri*.

Avant notre arrivée, les *fellahs* conservaient le droit de cultiver les terres qui leur avaient été cédées par les Mamelucks, moyennant les grosses redevances qu'ils leur payaient; mais il leur était défendu de les transmettre à leurs enfants, encore moins de les vendre; enfin ils ne pouvaient en disposer d'aucune manière.

Je me suis laissé dire, à ce sujet, que les paysans égyptiens n'ont jamais eu d'autres propriétés que leur chaumière, quelques bestiaux utiles au labourage, leurs charrues et des terrains de fort peu d'étendue, situés autour des villages qu'ils habitent. Il paraît qu'on les a toujours considérés comme de simples journaliers employés, pour leurs maîtres, aux travaux de la campagne, ou des métayers qui cultivent les terres des autres.

Pendant l'occupation de l'armée française, cet état de choses changea un peu. Les fellahs furent plus heureux; mais je crains bien aujourd'hui que les exigences de Mehemet-Ali, leur gracieux souverain, auquel il faut des masses énormes de coton et d'indigo pour alimenter son commerce et son trésor, ne leur rende leur condition pire qu'elle n'a jamais été. — Mais revenons à nos moutons.

Si je vous faisais part de tout ce que j'ai vu en Egypte, de ce qu'on m'a raconté, de ce qui m'a le plus étonné, vous partageriez peut-être mon admiration pour ce pays... — Oh! parlez! parlez! s'écrient les auditeurs du Père *La Pensée*; nous avons tant de plaisir à vous entendre!...

Le vétéran se recueillit deux minutes et continua :

— Quand nous nous avançâmes sur cette terre, si pleine de souvenirs, chaque objet parut nouveau, singulier et grand à tous les yeux; pour ma part, je ne pouvais, quoique je chargeasse mon fusil haletant de fatigue et tout en nage (la chaleur était alors à plus de 35 degrés), me dispenser de contempler avidement en courant ce qui m'entourait. Le fleuve majestueux qu'on appelle le *Nil* fait de l'Egypte une vallée fertile par les crues périodiques qui l'arrosent et la couvrent d'un utile limon.

Sur ce sol dégénéré on remarque de tous les côtés des monuments en ruines et d'anciens canaux à moitié comblés qui conduisaient les eaux du fleuve. Les palais, les temples, en poussière ou en ruines, sont en grand nombre et couvrent la terre. Les vestiges de *Memphis*, berceau et tombeau des Pharaons, dont on ne voit, près du Nil, que des restes presque effacés, attestent la fragilité humaine et les

destinées des empires. Qui n'a entendu parler de ces
fameuses pyramides, rangées presque sur une seule
ligne, dans le désert, sur la route de Gizeh, à peu
de distance aussi du Nil? On en compte onze.

Les trois principales sont d'une dimension considérable. Une d'elles a près de 500 pieds d'élévation ;
600 pieds forment sa base.

Tout près de là se voit encore, au-dessus des
sables, le sphinx colossal, dont la tête haute se
remarque de loin, semblable à une vieille tour.

Les productions végétales de l'Egypte fournissent
beaucoup de légumes et de blé communs à nos climats.
Les dattes, le raisin, la canne à sucre, s'y trouvent
en abondance.

La récolte du coton offre les plus grandes ressources ; beaucoup de fleurs odorantes y croissent, et la
rose fournit des essences précieuses. J'entendais
toujours parler du *henneh* que les femmes aimant
la toilette recherchent avec passion ; je fus curieux
de voir l'arbrisseau qui le produit. Ses fleurs croissent à l'extrémité des branches et se déploient en
grappes comme celles du *lilas*. Toutes les dames
égyptiennes portent de ces fleurs en bouquet sur
leur poitrine, et en garnissent les coussins du meuble
appelé *divan* sur lequel elles reposent continuellement. Les feuilles du *henneh*, réduites en poudre,
servent à composer une pâte avec laquelle les femmes se teignent les ongles et la paume des mains, les
orteils et la plante des pieds. Cette pâte laisse sur la
peau une teinte *rouge-orange* ; elle est indispensable

à la toilette des dames, et l'on en fait un commerce assez lucratif.

Le manque de prairies empêche la multiplication des bestiaux ; on est obligé, pendant l'inondation du Nil, de les réunir dans des étables. On y voit des moutons, des brebis, des ânes, des mulets, des chameaux. Les Mamelucks entretenaient, à notre arrivée, une belle race de chevaux arabes propres à la selle.

Les buffles ou bœufs sont très nombreux ; on y voit des animaux féroces, tels que le chacal, la hyène ; l'hippopotame et le crocodile habitent le Nil. Ces derniers animaux abondent dans la Haute-Egypte ; et les îles les plus voisines des cararactes sont quelquefois entièrement couvertes des troupeaux de crocodiles qui y déposent leurs œufs.

Vous allez savoir maintenant quel fut notre début dans ce pays où nous étions arrivés, comme je crois vous l'avoir dit, le 2 juillet 1798. Toute l'armée, dans des bateaux, descendit peu à peu sur la plage, et alla se former en bataille.

Les Français, en arrivant, saluèrent avec enthousiasme la terre où Bonaparte leur avait promis *la victoire et des richesses.*

Une proclamation fut lue en tête de tous les corps ; j'en pris ma part l'arme au bras et le nez au vent....

Mais nous en resterons là, si vous le voulez bien, pour aujourd'hui ; demain je reprendrai ce récit, qui vous amusera peut-être.

— Je ne manquai pas de retourner chez le *Père La Pensée*, qui reprit en effet le fil de son discours.

DEUXIÈME VEILLÉE.

LE PACHA , au Caire.

BATAILLE DES PYRAMIDES.

La première ville que vous allez rencontrer, nous dit Bonaparte, a été bâtie par Alexandre; nous trouverons à chaque pas de grands souvenirs, dignes d'exciter l'émulation des Français.

Chacun alors se crut maître de la terre qui le portait : cependant il fallut en rabattre... Nous avançâmes. Bientôt nous parûmes à une portée de fusil d'Alexandrie, et, peu après, nous en devînmes maîtres.

La route du Caire nous était ouverte.

Le général en chef, persuadant autant par la parole que par son épée, nous fit encore une belle proclamation pour nous encourager à bien faire. Les Mamelucks se présentaient au nombre de plus de 6,000 cavaliers, sans compter leurs auxiliaires les Arabes ; ils semblaient vouloir nous disputer le chemin de leur capitale.

Nous étions le 23 juillet. A deux heures du matin toutes les divisions se mirent en mouvement ; celle de Desaix, marchant en avant, comme à l'ordinaire, aperçut à la pointe du jour un parti de 500 cavaliers envoyés sans doute en reconnaissance, et qui se repliaient sans cesser d'être en vue, jusqu'au moment où les Français arrivèrent en présence du gros de leur armée.

Lorsque le soleil parut, nous fîmes tous halte pour saluer les Pyramides qui s'offraient alors pour la première fois à nos regards étonnés.

— « Soldats, dit Bonaparte (dont la figure, naturellement pâle, s'anima tout-à-coup) aux troupes qui l'entouraient : Vous allez combattre aujourd'hui les tyrans de l'Egypte ; songez que du haut de ces monuments quarante siècles vous contemplent ! »

Ces paroles firent l'effet de la poudre à canon ; tout le monde voulut marcher à l'ennemi.

Bonaparte nous forma en bataille.

Notre ligne était très étendue, afin de présenter plus de feux aux Mamelucks.

Les généraux *Regnier* et *Desaix* furent envoyés

sur la droite pour couper la retraite de la Haute-
Egypte à nos adversaires, et toutes les dispositions
prises pour vaincre.

Les ordres n'avaient pas encore été transmis aux
différents corps par le général en chef que les
Mamelucks s'ébranlèrent pour tomber sur nous.
Plusieurs masses d'inégales forces se dirigèrent sur
les généraux *Desaix* et *Regnier*. Arrivés à portée du
fusil, les Mamelucks exécutèrent une charge furieuse,
après s'être formés en deux colonnes qui opé-
rèrent séparément : la première vint tomber sur
l'aile gauche de Regnier, et la deuxième sur celle
de Desaix ; mais nos soldats, qui les attendaient bravement et avec sang-froid, firent sur eux un feu
roulant si bien dirigé que le champ de bataille se
couvrit en un instant de leurs morts. Les Mamelucks,
ainsi arrêtés, surpris, furieux, mais non découra-
gés, voulaient longer la face du carré de la division
Regnier pour tomber sur la gauche de Desaix. Le
général *Belliard*, qui commandait la 21e légère dans
cette division, attendit à dix pas la charge des Egyptiens pour commencer son feu : son premier rang
présentait la baïonnette ; le second tirait. La fusillade
devint si vive que l'ennemi se vit forcé de se jeter
entre les deux divisions et reçut la grêle de balles
qui partaient de leurs rangs.

Toutefois les deux carrés français, au moyen de
cette manœuvre, se trouvaient enveloppés et attaqués de tous côtés par cette nuée de Mamelucks qui
cherchaient à enfoncer les carrés, à quelque prix que
ce fût : leurs efforts demeurèrent inutiles.

La mitraille de notre artillerie, une fusillade continuelle, et de savantes manœuvres, les mirent en
vingt minutes dans un désordre complet. L'armée
musulmane s'éloigna des deux divisions pour se pré-
cipiter sur le village de Biktil, où se trouvaient
quelques-uns de nos soldats qui avaient été y chercher des vivres.

Les Mamelucks, terrassés par les divisions déjà
citées, crurent avoir meilleur marché du peu de
troupes réunies au village, où pourtant on avait envoyé du renfort, car ma compagnie en faisait partie.
A leur entrée dans le village, où chaque maison était
devenue une forteresse pour les Français, la cavalerie du bey fut accueillie par un feu terrible, sans
cependant la mettre en déroute.

Bientôt le plus fort de l'attaque se porta sur le village. Les Mamelucks réunis à leurs auxiliaires y pé-
nétraient par tous les endroits accessibles ; le gros
de leur cavalerie nous tenait tête d'un autre côté.

Bonaparte, qui entendait son affaire, et qui voyait
tout, rallie son armée ; les divisions *Menou* et *Bon*
reçoivent de nouveaux ordres ; on forme un carré
impénétrable qui ne présentait plus néanmoins que
trois hommes de hauteur.

On s'avance vers Embabeck.

Le général Bon, qui commandait la division
Menou, tenait la plaine ; les Mamelucks avaient
quitté leurs retranchements pour se déployer contre
nous avec une nouvelle rage ; le brave Rampon
s'avançait au pas de charge pour nous soutenir.

Quarante canons étaient dirigés sur notre armée par l'ennemi; leurs batteries et deux de leurs chebecks, embossés sur le Nil, tiraient sur notre flanc gauche; et l'attitude du carré formé par nos intrépides grenadiers, qui faisaient sur les Mamelucks un feu roulant et sans relâche, ne servait qu'à les rendre plus furieux. Il y eut de part et d'autre des combats partiels et des actions d'éclat. Les Mamelucks étaient comme des enragés. Après avoir reçu à bout portant les décharges de nos feux de bataillon et de notre artillerie, ils venaient expirer sous le fer de nos baïonnettes.

Nos mouvements calmes et bien combinés nous valurent la victoire. L'ennemi ne put nous résister davantage et gagna la Haute-Egypte avec son général Mourad-Bey, qui perdit trois mille hommes, quarante pièces d'artillerie, grand nombre de tentes et de bagages, plus de cinq cents chameaux, des chevaux arabes magnifiques et richement équipés. Ceux d'entre nous qui furent assez heureux pour faire des prisonniers recueillirent un riche butin, car la plupart des Mamelucks étaient porteurs d'armures d'un grand prix, d'un beau travail, et avaient de belles ceintures garnies de pièces d'or. Pour moi, au lieu de butin, je reçus dans la mêlée un solide coup de lance d'un Bédouin, et si je n'en mourus pas ce fut un miracle. Victor, jeune tambour de la compagnie, qui se trouvait près de moi alors, tira son briquet et me défendit de son mieux. Sa caisse était défoncée, il ne la battait plus, mais il chargeait l'ennemi à grands coups de sabre. L'enfant de giberne alla chercher un élève de M. *Larrey* (1) qui vint me ramasser sur le champ de bataille ainsi que quelques autres. On me plaça sur un âne. J'arrivai sous l'ombrage de quelques palmiers où était dressée une large tente qui avait servi au général ennemi. On s'occupait déjà de scier des bras et des jambes; je fus pansé, puis placé à côté d'un camarade, sur une espèce de matelas d'un beau tissu formé de joncs arrachés au Nil.

Des cris d'allégresse se faisaient entendre de tous côtés.

L'armée victorieuse bivouaqua le soir de la bataille autour du village d'*Embabeck*.

LE CAIRE.

Le lendemain, les blessés furent transportés à la ville dans un superbe hôpital que M. Larrey venait de faire préparer. Ce qu'il y a de curieux, c'est que Bonaparte, avant de faire son entrée au *Caire* à la tête de l'armée, y avait seulement envoyé pour en prendre possession quelque centaines de soldats qui ne trouvèrent aucune opposition de la part d'une population immense, tant Bonaparte

---

(1) M. Larrey était chirurgien en chef de l'armée d'Orient.

comptait déjà sur sa fortune et la terreur de son nom.

Mon séjour assez long dans cette capitale me permit de la bien voir. Elle me parut, sinon belle, au moins forte, riche et grande. Ses rues sont très étroites. Dans quelques-unes, les balcons de deux maisons opposées se touchent exactement; les quartiers de cette ville sont au nombre de cinquante-trois. On compte cinq principales places; la plus grande est aussi étendue que le Champ-de-Mars à Paris. Pendant la crue du Nil, elle forme un bassin considérable qui se couvre de barques; la nuit ces barques offrent le coup d'œil le plus pittoresque, à raison de la quantité de lanternes dont elles sont couvertes. De mon temps, le Caire possédait plus de deux cents mosquées ou églises musulmanes. Une de ces mosquées, la plus magnifique en architecture moresque et en décorations intérieures, se nomme *Sultan-Hassan.*

La citadelle, résidence habituelle du pacha ou vice-roi, est un édifice considérable où ce prince occupe un logement somptueux. On y voit encore le fameux puits de Joseph, percé à trois cents pieds de profondeur au niveau du Nil, qui l'alimente de ses eaux.

Pendant notre occupation, on ne comptait au Caire pas moins de trois cent mille habitants répartis dans vingt-six mille maisons. Beaucoup de négociants étrangers y faisaient leur demeure et paisiblement leur commerce. On y comptait encore quinze cents cafés ou lieux publics.

Ma blessure ne tarda pas à se guérir. Trente jours suffirent pour me mettre en état de reprendre mon service; mais, pour mon malheur, j'avais une assez belle écriture; j'allai, en sortant de l'hôpital, travailler chez mon quartier-maître, ce qui nuit toujours à l'avancement. Je restai ainsi au Caire pendant plusieurs mois, menant la vie d'un petit pacha, entouré d'esclaves à mes ordres, sans m'inquiéter de nos revers ou de nos succès... Nouvelle Capoue, la ville égyptienne me serait devenue fatale si enfin mon capitaine ne m'eût réclamé à la compagnie. Après que j'eus goûté toutes les douceurs bourgeoises d'une vie orientale, je partis donc, et, je l'avoue, ce ne fut pas sans quelques regrets. Pourtant j'étais jeune et Français; ma part de gloire me tenait au cœur.... Vous saurez le reste, mes bons amis, à notre prochaine réunion.

TROISIÈME VEILLÉE.

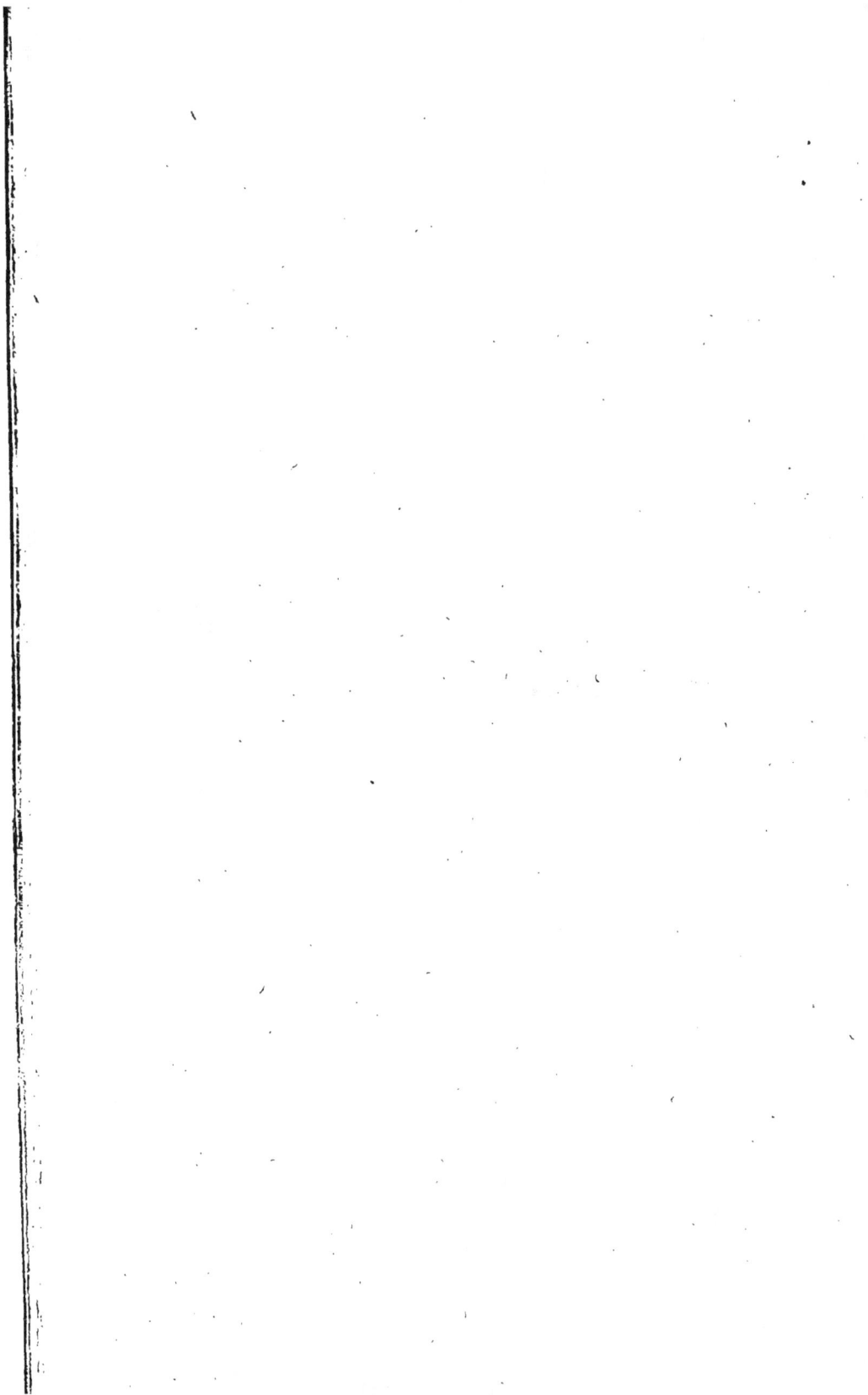

BONAPARTE ET LA MER ROUGE.

Mon bataillon venait d'être désigné pour faire
partie de l'expédition que le général en chef avait
résolu d'entreprendre lui-même dans la Haute-
Egypte : il voulait s'y créer un point d'appui, en
s'emparant de la ville de Suez. Nous partîmes le
25 décembre, bien accompagnés. Il y avait avec
nous des savants et des géographes. Nous arrivâmes le soir même au lac des Pélerins, et nous
bivouaquâmes dans le désert. Deux jours après, nous

étions à **Suez**, sans avoir été obligés de tirer un coup de fusil.

Bonaparte reconnut aussitôt la ville, le port, ce qui l'entoure, et ordonna tout ce qu'il fallait pour lui assurer ce poste. Nous allâmes ensuite traverser la mer Rouge à un gué qui n'est praticable qu'à marée basse, pour nous rendre au lieu que les Arabes nomment *les sources de Moïse;* c'est là que se trouve encore, assurent-ils, le rocher que le prophète frappa de sa baguette pour en faire jaillir de l'eau. Les sources de Moïse sont au nombre de cinq et s'échappent en bouillonnant des sommets de divers petits monticules de sable ; l'eau en est de médiocre qualité. On aperçoit dans cet endroit les restes d'un aqueduc de construction moderne, qui conduisait cette eau dans des citernes près de la mer, à la distance de trois à quatre lieues des sources.

Pendant que nous revenions à Suez, le général Bonaparte et son escorte faillirent éprouver le sort de Pharaon et de son armée, poursuivant les Israélites qui traversaient à pied sec la mer Rouge.

Le gué que nous avions passé le matin sans difficulté ayant été envahi par la marée montante, l'eau le recouvrait entièrement.

On fut obligé de se diriger vers le fond du golfe ; mais le guide qui nous conduisait ayant mal fait son calcul, l'eau nous gagna malgré nous.

Bonaparte et sa suite coururent le risque d'être emportés par la mer et la rapidité des vagues.

Soldats, songez que du haut de ces Pyramides
quarante siècles vous contemplent ! !

(Page 32.)

Bien en prit au général, qui était le plus avancé, de se laisser porter sur les épaules larges et robustes de l'Arabe, unique cause du danger.

Notre chef, de retour à Suez, fit toutes ses dispositions, et ordonna des travaux qui devaient servir à la continuation de l'ancien canal abandonné.

Après cette petite excursion, je fis partie du corps d'opérations du général Desaix; je participai à quelques combats partiels livrés aux Mamelucks et aux Arabes du désert, puis je revins au Caire, où je m'informai du brave jeune homme qui m'avait sauvé la vie.

VICTOR, LE PETIT TAMBOUR.

Depuis longtemps Victor manquait à l'appel, et ça me faisait peine; après bien des recherches, j'appris que, dans une expédition dirigée vers les sources du Nil, plusieurs des nôtres (c'étaient des soldats qui en avaient fait partie qui racontaient cela), en traversant le fleuve avec Victor, des crocodiles gros comme des éléphants les ayant aperçus, se jetèrent sur lui et les camarades, et n'en firent qu'une bouchée. Eux-mêmes, disaient-ils, n'avaient échappé à la dent cruelle des monstres que par un effet de la Providence.

La reconnaissance me faisait un devoir de plaindre l'intrépide Victor; aussi me plaignis-je amèrement du sort qui m'enlevait un ami, un vaillant frère d'armes.

Déjà bien du temps s'était écoulé depuis notre entrée en Egypte.

Une nouvelle blessure que je reçus à la poitrine me renvoya au Caire. J'y guéris en m'occupant encore, pour me refaire, chez mon quartier-maître.

Un jour que j'y travaillais avec une sorte d'application, collé sur mon papier et tout entier à mes fugitives réflexions, je me sentis tout-à-coup frapper sur l'épaule; je me retourne, et je vois... Devinez qui?... Victor! ce jeune tambour à qui je devais tant. J'eus peine à le reconnaître d'abord, parce qu'il avait endossé le costume des Mamelucks et faisait partie de l'escadron de cette arme que Bonaparte venait de former. Victor, par un de ces coups du ciel qui n'appartiennent qu'à Dieu, avait échappé aux dents voraces des crocodiles et des mains rapaces et barbares des Bédouins.

Victor, en quittant le désert, dont il racontait des merveilles, était rentré au Caire cousu d'or.

Ce jeune homme sortait pourtant d'esclavage; un bon Turc de Damas, disait-il, un marchand colporteur, l'avait acheté aux Bédouins et traité presque à *la française*. Après avoir visité toutes les tribus arabes avec lui, un beau matin il l'avait planté là pour aller rejoindre un de nos détachements, avec lequel il revint au chef-lieu de nos opérations.

Tout ce que Victor me dit des peuples nomades qui habitent sous des tentes, comme nos anciens

patriarches *Abraham*, *Isaac* et *Jacob*, est assez curieux pour que je vous en entretienne.

C'est mon petit tambour qui parlera. Je ne chan-
gerai rien ni à sa manière de conter, ni à son récit.

L'ESCLAVAGE D'UN SOLDAT RACONTÉ PAR LUI-MÊME.

« Vous avez appris, sans doute, mon camarade,
nos courses aventureuses et nos exploits sur le Nil.

Si j'étais gascon, je vous en ferais voir de *grises*.
Mais je suis enfant de Paris, point menteur et Français : à ces titres, je ne vous dirai que la vérité,
rien que la vérité.

Ecoutez plutôt.

Après avoir remonté le Nil, à la poursuite de l'ennemi; moi, battant toujours ma caisse, de façon à
effrayer tout le genre humain; les autres tirant sur
des Mamelucks, des Bédouins, ou des oiseaux que
que nous mettions en fuite et retrouvions plus loin;
consumant ainsi chaque jour, sans gloire et sans profit, nos vivres et nos munitions, nous fîmes notre
première halte un peu moins nombreux que lorsque
nous partîmes.

L'endroit où nous étions arrêtés offrait une suite
de petites îles de verdure, coupées çà et là de ruines
antiques. On n'y apercevait aucun habitant; le chant
seul de quelques oiseaux en interrompait le silence.

Le commandant, homme de cœur et de raison,

après avoir réuni toute la flottille, ordonna le débarquement dans le lieu le plus pittoresque. Pour ajouter au tableau ravissant qui se déroulait devant nous, on entendait au loin le bruit cadencé et sonore d'une grande chute d'eau, qui produisait l'effet de l'orgue d'une cathédrale que l'on accorde. Chacun faisait son commentaire. Les uns prétendaient (ceux-là étaient les moins *savants,* quoiqu'ils fissent les *malins*) que c'était le bruit du fameux saut du *Niagara* (1) qui était à plusieurs milliers de lieues de nous; d'autres (et on pouvait croire qu'ils avaient raison) que c'était une des chutes du Nil. Une expédition par petits détachements fut ordonnée pour aller reconnaître le pays. Nous avions chacun un guide. Nous suivîmes un moment celui qui était avec un de nos pilotes.

La barque où je me trouvais remonta doucement le fleuve, tandis qu'un autre détachement le côtoyait par terre à une certaine distance. A la moindre rencontre nous devions faire feu de nos armes pour avertir nos compagnons. Nous voguâmes ainsi pendant quelque temps tout autour de plusieurs petits îlots embaumés, dont les ombrages frais et gracieux captivaient les sens, et au milieu de mille oiseaux au

(1) C'est le nom que l'on donne à la partie du fleuve Saint-Laurent qui est entre le lac Erié et le lac Ontario, dans le Haut-Canada. C'est la plus grande cataracte de l'univers : elle tombe d'une hauteur de 150 pieds sur un développement de 2,000 : on l'entend de quatre lieues.

plumage brillant qui nous charmaient par leur ca-
quet. Mais un spectacle plus curieux nous attendait.
Arrivés à un certain endroit embarrassé de roseaux ,
nous aperçûmes d'assez loin encore une quantité de
petits crocodiles ; à notre approche ils firent mille
gambades, comme si, par leurs joyeux ébats, ils eussent voulu fêter notre arrivée. Craignant de nous en
voir entourés, nous prîmes une autre direction.

Nous étions fatigués, la chaleur était accablante ,
l'air épais ; le sommeil appesantissait nos paupières.
Notre officier fit arrêter la barque : on descendit. On
chercha un gué pour se rendre à pied dans une de
ces îles enchanteresses qui s'offraient à nous. On y
admirait des dattiers chargés de fruits, des arbres
magnifiques. Pour y arriver, il fallait traverser des
joncs marins et d'autres herbes aquatiques... J'avance le
premier. A peine mon pied est-il posé qu'un énorme
crocodile, un animal sans pareil, long peut-être de
trente pieds, ouvrant une gueule énorme, s'avance
pour me happer. Je tenais à l'instrument de mon métier et plus encore à la vie ; je pousse en avant et bats
avec un bruit effrayant. Le monstre! il n'en tient aucun
compte, et allait ne faire qu'une bouchée du tambour et de sa caisse, si, faisant un effort incroyable
sur moi-même, je n'eusse pris à l'instant mes jambes
à mon cou, gagné la rive du fleuve fangeux, et dé-
talé au loin avec une vitesse de lièvre.

Ce fut ainsi que j'abandonnai mon poste, je le dis
à regret ; mais il y a dans la vie de malheureux moments!...

Tandis que je m'éloignais de toute la légèreté de mes jambes et de ma tête, nos braves camarades s'unissaient contre mon ennemi, et leurs balles protectrices vinrent me siffler aux oreilles.

Ce premier mouvement de crainte satisfait, et après un quart d'heure d'une marche d'oiseau, je m'arrêtai; puis je cherchai à m'orienter, en considérant le burlesque équipage dont la magnificence du fleuve venait de me gratifier. Couvert de limon, de roseaux et de petites fleurs bleues, je ne ressemblais pas mal, peut-être, au dieu dont je venais d'abandonner un peu brusquement l'humide demeure, pour me soustraire à la dent rapace d'un de ses enfants.

Je me demandais, en délibérant tout seul, comment j'allais faire pour rejoindre le détachement dont j'étais tambour, quand tout-à-coup je me vis entouré par quatre Arabes Bédouins qui ne me laissèrent pas achever ma délibération. Sans plus de cérémonies, les malhonnêtes! il me jetèrent sur le corps une espèce de filet, comme s'ils eussent voulu prendre un poisson.

Dans le moment, je ne savais pas trop ce que j'étais moi-même.

Les Bédouins m'ayant roulé dans leur prison à mailles, me chargèrent sur leurs épaules. Porté rapidement de la sorte vers un groupe de palmiers, où plusieurs de leurs confrères se trouvaient, je fus assis brusquement sur un chameau où je me sentis attaché. L'un de mes ravisseurs se mit à côté de moi; et bientôt je compris, au disloquement de tous mes membres, que le quadrupède et son maître fuyaient vers le désert, avec la rapidité du vautour qui emporte sa proie.

Le Bédouin qui me faisait si lestement courir la poste était un voleur qui en volait un autre : c'était l'un des quatre Arabes qui m'avaient enlevé. Ses camarades le voyant prendre les devants aussi précipitamment avec leur capture, se mirent à sa poursuite. Je les entendais, dans leur baragouin, crier comme des diables après lui ; mais, plus alerte qu'eux, il les laissa bientôt prêcher dans le désert. Cependant le dromadaire qui m'emportait si rapidement, malgré ses larges pieds, vers le soir ne pouvait plus aller, et moi, j'étais devenu si faible que je me trouvai mal. Le Bédouin, dans ce moment, fut rejoint par ses associés qui m'arrachèrent violemment de ses mains.

Je vis l'instant que, pour se mettre d'accord tous les quatre, ils allaient faire, avec leurs sabres, quatre parts de ma débile personne.

Ils se ravisèrent pourtant, et bien m'en advint ; après quoi ils continuèrent leur route.

Mes bourreaux stationnèrent encore dans un désert immense où l'on ne voyait que le ciel et les ondulations continuelles d'une mer de sable qui s'étendait à perte de vue. Les Bédouins se prirent de nouveau à se quereller en me tirant par les quatre membres, sans s'inquiéter de ce que je devais souffrir. J'étais mourant et dans un état pitoyable : ce que remarquant, à la fin, ils me donnèrent du lait à boire d'une de leurs chamelles. Ils me parurent aussi s'être mis

Veillées au Village. 3

d'accord sur ce qu'ils devaient faire de moi; puis ils
dressèrent leur tente, afin de se reposer le reste du
jour, qui bientôt allait finir. Encore tout couvert des
beaux présents du fleuve, il n'y avait véritablement
que des Bédouins qui pussent être tentés de me dé-
pouiller.

Cependant c'est ce qu'ils essayèrent lorsqu'ils se
crurent assez enfoncés dans le désert pour n'avoir
rien à craindre de la poursuite des Français.

Malgré ma faiblesse et ma taille peu avantageuse,
puisque je n'ai encore que quinze ans, je ne voyais pas
approcher le sabre ou la lance des Bédouins près de
mes côtes sans faire des grimaces de possédé, qui,
loin de les effrayer, ne servaient qu'à exciter leurs
rires. Ils finirent par m'attacher les pieds et les mains,
après m'avoir mis tout nu. J'avais de l'or dans une
ceinture; il provenait de nos victoires sur les Mamelucks, dont j'avais pris une bonne part. Cet or leur
fit pousser mille cris de joie.

Les quatre voleurs se le partagèrent. Vint ensuite le
tour de mes vêtements qui s'étaient séchés, et dont
ils s'affublèrent burlesquement, ainsi que de mon
briquet.

Quant à mes baguettes garnies en argent, et qui
pendaient encore à ma buffleterie, ils les prirent, en
jouèrent sur mon ventre comme s'il eût été une
caisse de tambour, en se moquant de moi et poussant des éclats de rire féroce. Enfin je demeurai
ainsi nu; mes persécuteurs me donnèrent seulement
un morceau de grosse toile rayée de bleu pour

passer autour de mes reins. Dans ce piteux état,
brûlé par le soleil et haletant de fatigue, ils me
délièrent les jambes, mais non les mains, qu'ils
rattachèrent à une corde passée au cou d'un de leurs
dromadaires. Dans cette situation, ils m'obligèrent à
les suivre, quoique je pusse à peine me soutenir et
que je tirasse une longue langue, rouge de lassitude
et de soif : quand je bronchais, l'un de mes ravisseurs me lardait avec sa lance, tandis que le chameau
me traînait dans le sable. Heureusement pour moi
que c'était la nuit que nous cheminions, autrement
je n'en serais jamais revenu.

Enfin, après huit heures d'un supplice inouï, sans
boire ni manger, nous arrivâmes à un camp composé
d'environ cinq cents tentes, placé près d'un large
puits, dans un petit *oasis* ou plaine de verdure de
quelques centaines de toises.

Nous fûmes aussitôt entourés par la population
nomade ; les femmes, les enfants, m'eurent bientôt
contemplé en ricanant, et chacun, après m'avoir
invectivé dans son langage barbare, vint me pincer,
me piquer avec des lances ou des instruments de fer
légers comme des aiguilles.

LE DÉSERT ET LES BÉDOUINS [1].

Malgré mes souffrances, je ne pus me dispenser de contempler le bizarre tableau que j'avais sous les yeux. — Les tentes, la plupart d'un tissu de poil noir, attachées avec des piquets, étaient séparées

(1) Les Bédouins sont des Arabes habitant les vastes déserts qui s'étendent depuis les confins de la Perse jusqu'aux rivages du Maroc. Quoique divisés par sociétés ou tribus indépendantes, souvent même ennemies, on peut cependant les considérer comme un même corps de nation, composé de plus de deux millions d'individus. La ressemblance de leur langue est un indice de cette fraternité. Les Bédouins sont purement pasteurs, vivant du produit des troupeaux, de quelques dattes, de chair fraîche ou séchée au soleil, et que l'on réduit en farine; il y en a qui ensemencent quelques terrains, et joignent le froment, l'orge, et même le riz, à la chair et au laitage. Le désert est presque partout aride et stérile, à l'exception de peu d'endroits appelés *oasis* qui forment des îles de verdure. Il existe pourtant de temps immémorial des espèces de puits ou citernes placés sur les lignes que suivent les caravanes, comme celles qui vont à la *Mecque*. Le sol, en beaucoup de parties, est inégal. Tantôt c'est une étendue immense d'un désert plat, composé d'un sable poudreux et grisâtre, extrêmement fin; une autre fois, ce sont de légers monticules, des plaines ondoyantes, remplies de petits cailloux; par intervalles, quelques monts pierreux, parsemés de peu d'arbres rabougris et de plantes très rares. Pourtant il est de fait que, dans plusieurs cantons du désert les moins éloignés des pays habités, en creusant de 6 à 20 pieds de profondeur, on trouve de l'eau, saumâtre il est vrai et peu agréable. Toutefois il semble que Dieu ait voulu, dans ces solitudes affreuses, donner à l'Arabe un compagnon pour l'aider et le dédommager de son isolement des autres hommes. Le chameau est ce compagnon. Cet

les unes des autres et distribuées à peu près comme
les huttes d'un village. Le camp paraissait divisé en
plusieurs quartiers que les Arabes appellent *ferigs*
ou familles. On voyait là des troupeaux de chiens
comme au Caire. Ce sont les gardiens de la tribu
pendant la nuit.

La richesse des Bédouins consiste en chameaux,
en juments d'une grande beauté et d'un grand prix,
en chevaux et brebis : ils vivent pour la plupart du

animal a un tempérament aussi dur et aussi frugal que le sol est
ingrat. Aucun ne présente une analogie si marquée et si exclusive à
ce climat. Voulant que le chameau habitât un pays où il ne trouverait
que peu de nourriture, Dieu l'a conformé en conséquence. Il lui a
placé une petite tête sans oreilles au bout d'un long cou sans chair;
il a ôté à ses jambes et à ses cuisses tout muscle inutile pour les mouvoir; enfin il n'a accordé à son corps desséché que les vaisseaux et les
tendons nécessaires pour en lier la charpente. Le chameau est muni
d'une forte mâchoire, pour broyer les plus durs aliments : mais, de
peur qu'il n'en consommât trop, il a rétréci son estomac; enfin, son
pied large, formé d'une masse de chair, n'est propre qu'au sol sec et
sablonneux de l'Arabie. Le chameau, perdant sa liberté pour arriver
à l'état domestique, est devenu le moyen d'habitation de la terre la
plus ingrate. Lui seul subvient à tous les besoins de ses maîtres : son
lait nourrit la famille arabe, sous les diverses forme de *caillé*, de
fromage et de *beurre*; souvent même on mange sa chair. On fait des
chaussures et des harnais de sa peau, des vêtements et des tentes de
on poil. On transporte, par son moyen, de lourds fardeaux; et lorsque la terre refuse le fourrage au cheval, si précieux au Bédouin, le
chameau subvient par son lait à la disette, sans qu'il en coûte pourtant d'avantages autre chose que quelques tiges de ronces ou d'absinthe
et des noyaux de dattes pilés. Voilà les circonstances dans lesquelles la
nature a placé les Bédouins pour en faire une race singulière d'hommes, au moral et au physique.

lait de la femelle du chameau, quelquefois de sa chair, de celle aussi du mouton; mais seulement dans les occasions où ils donnent des fêtes dans lesquelles ils se régalent entre eux, comme aux noces de leurs enfants, ou bien quand ils font la paix après des combats acharnés, etc. Plusieurs femmes étaient assises à terre, tissant des étoffes de peaux de chèvres et de chameaux. L'un de nos ravisseurs ayant demandé à boire de l'eau, on lui en apporta dans un vase d'argile cuit au soleil et fabriqué grossièrement. Plusieurs femmes étaient sans voile; je pus voir leur teint hâlé, leurs dents blanches, leur nez épaté, leurs larges sourcils noirs en forme de croissant. Elles avaient pour vêtement une tunique de laine, des bagues et des boucles d'oreilles en cuivre jaune. Quelques-unes portaient aux bras et aux jambes des anneaux en verre bleu; sur le front, une couronne de petite monnaie d'argent; la paume des mains des plus riches était jaunie par le *hennech;* toutes me parurent avoir une taille leste et élancée, et la physionomie hardie, quoique assez distinguée.

Vous ne serez peut-être pas fâchés de connaître la manière dont sont vêtus les Arabes Bédouins. — Le costume est le même pour tous, sauf la qualité des étoffes. Celui des émirs ou scheiks des grandes tribus est d'un tissu très fin, et ils portent des *babouches* ou *bottines* de maroquin jaune au lieu de sandales; les plus pauvres vont les pieds nus, et s'y habituent si bien qu'ils résistent aux

sables brûlants du désert, sur lesquels ils marchent
sans cesse.

Les Bédouins ont habituellement de larges et longs
pantalons plissés, serrés sur les reins par une ceinture brodée de cuir, et dans laquelle ils placent un
gros poignard et souvent divers petits objets à leur
usage.

Leur premier vêtement est une chemise de toile
fine dont les coutures sont couvertes de liserés en
soie, au bout desquelles pend un gland aussi en
soie. Après la chemise vient un *haïck*, couverture
de laine très claire, sans aucune façon, dont ils
s'entourent ordinairement le corps et la tête ; ils
jettent sur ce *haïk* un *burnous* aussi en laine blanche, à l'extrémité duquel se trouve un capuchon
dont ils se couvrent également la tête. Il y en a qui
se la rasent ; d'autres laissent croître leurs cheveux,
sur lesquels ils portent plusieurs calottes.

Enfin un Turc, une espèce de marchand qui était
placé près d'une tente, ayant devant lui diverses
marchandises que les femmes surtout semblaient
convoiter avec une impatience qu'elles dissimulaient
difficilement, parut prendre pitié de moi, et s'approcha en me parlant un mauvais français. — En peu de
mots je lui appris mon histoire, et la manière dont
j'avais échappé au crocodile pour tomber dans les
mains mêmes des Bédouins.

Le marchand turc, malgré le flegme de ses manières
et la sévérité attachée à son turban et à sa barbe
grise, ne put s'empêcher de sourire au récit de mes

aventures; mais tout-à-coup, se ravisant, il me demanda si le général français qui commandait en Egypte s'intéressait assez à moi pour donner bon prix de mon individu. Je ne risquais rien de l'en assurer, et c'est ce que je fis. Alors il engagea les quatre Bédouins qui m'avaient amené au camp, et dont j'étais devenu la propriété, à me mettre à l'encan pour me vendre comme leur esclave. Le conseil du Mahométan fut suivi. On m'exposa sans vêtement aux regards des amateurs. Mes maîtres, pour mieux me faire valoir, m'ouvraient la bouche, m'étendaient les bras, et, malgré ma faiblesse, voulaient encore me forcer à marcher, à trotter comme un cheval que l'on met en vente et dont on essaie la force et l'allure. Après bien des paroles, je fus cédé au marchand turc, qui m'acheta moyennant quelques pièces d'argent et des marchandises à l'usage de la toilette des femmes arabes, et dont celles-ci semblaient être très envieuses.

Me voilà donc décidément esclave...

Mais je ne m'aperçois pas, ni vous non plus peut-être, mes chers voisins, qu'il se fait tard, que vous avez besoin de vous lever matin pour vaquer à vos occupations ordinaires; ainsi, bonsoir; la suite des aventures de mon jeune tambour formera le sujet d'une autre veillée.

QUATRIÈME VEILLÉE.

BONAPARTE ET LA MER ROUGE.

(Suite des aventures de Victor.)

Mon Turc n'était pas si turc qu'il en avait l'air ;
il ne fut pas plutôt maître de ma personne qu'il m'emmena sous sa tente, où il me tint le discours suivant : « Chrétien, remercie Allah du bonheur qui
t'arrive. J'avais besoin d'un esclave qui pût me seconder dans mon commerce, m'accompagner dans
mes voyages chez les Arabes, dont je suis un des
pourvoyeurs et un des fournisseurs. (Il ne me dit
pas, ce que j'appris plus tard, qu'il était aussi leur
espion, et savait à propos leur indiquer le jour et les

endroits où devaient passer les caravanes qu'ils dévalisaient.) Si tu te conduis bien, ajouta-t-il, tu mèneras une vie douce et heureuse. J'ai avec moi deux autres esclaves, un nègre de Guinée et une femme éthiopienne, un chamelier pour mes bêtes de somme et conduire mon bagage. Je fais ma résidence habituelle à Damas, où j'ai mon ménage ; nous allons y aller maintenant pour reprendre des marchandises ; si tu veux te racheter, tu le pourras ; je te donne une année pour faire savoir à tes compatriotes l'état actuel de tes affaires. J'ai dit ; qu'Allah te soit propice ! » Mon patron en effet parut dès ce jour assez humain, et n'eut point trop l'air de se défier de moi ; cependant je découvris bientôt que le nègre et sa noire compagne ne me perdaient guère de vue, et que j'avais été mis sous leur surveillance immédiate. Le soir, je couchais près d'eux sur une natte, attaché par un pied au pilier qui soutenait la tente, à une longue chaîne dont mon cher maître avait la clef; toutefois mon sort était devenu supportable. Depuis que j'appartenais, corps et bien, au colporteur Ali, je n'avais plus le triste et douloureux ennui d'être en butte aux invectives et aux coups des femmes et des enfants de l'Arabie heureuse. — Mon Turc m'occupait dès le matin à étaler ou ranger ses étoffes et ses brimborions de faux bijoux. Mon ordre, ma propreté, ma conversation même, et le zèle que j'apportais à remplir ses moindres commandements, lui plurent si bien

que je commençai, au bout de quelques semaines, à
m'apercevoir qu'il se défiait moins de moi ; pourtant
il me laissait toujours ma chaîne.

Les pâturages de l'*oasis* étant consommés, et
mon maître ayant besoin de renouveler sa pacotille,
ainsi que je l'ai déjà dit, nous partîmes avec la tribu
El-Benni, celle-là même chez laquelle nous séjour-
nions alors, et où nous faisions passablement nos
petites affaires.

Le cheik ou chef de cette tribu, bon vieillard à
barbe blanche, protégeait ouvertement Ali, quoiqu'il n'aimât pas les Turcs. Il permit donc à mon
maître de voyager avec ses enfants, qui allaient se
rendre sur le territoire de Damas pour se joindre à
d'autres tribus qui devaient s'y réunir dans le but de
résister à un parti de *Wahabis* envoyé contre eux
par leur roi Ebn-Si-Houd, l'ennemi juré des Turcs et
de tous les Bédouins qui entraient dans leur alliance.
Le pacha de Damas, au nom du grand-seigneur,
avait mis la caravane de la Mecque sous la protection
du Drahy, émir puissant qui commandait à quarante
tribus d'Arabes du désert, et qui avait plus de vingt
mille cavaliers sous ses ordres.

Le cheik El-Benni ne tarda pas à le joindre. Ce
chef choisit une plaine superbe, à vingt-cinq lieues
de Damas, pour y dresser ses tentes. Son camp en
contenait sept à huit mille ; toutes étaient rangées de
la manière la plus pittoresque et offraient le plus
beau coup d'œil. Mon maître, à la vue d'une population nomade si considérable, pensa avec raison

qu'il ferait de bonnes affaires, et nous pressâmes
notre arrivée à la ville pour y prendre de nouvelles
marchandises.

DAMAS.

Je ne vous dirai que peu de choses de cette grande
ville, car je n'ai pas le talent des descriptions; seulement vous saurez qu'elle est la capitale de la Syrie;
qu'elle s'étend en longueur dans la plaine et paraît
avoir trois à quatre lieues de circuit. Sa ceinture de
murailles est percée de plusieurs portes; celle à l'o-
rient s'appelle *Bab-Boulos*, ou Saint-Paul; c'est la
plus curieuse, à raison des ruines qui sont auprès,
et dans lesquelles on a découvert d'anciens vestiges
des croisades, entre autres une fleur de lis que j'ai
remarquée, gravée sur une pierre de taille. Les dix-
huit portes de Damas ont chacune leurs gardiens. —
Les palais et les maisons de la ville me parurent construits moitié en briques, moitié en pierres. Ces con-
structions ont toutes une apparence peu remarquable.
En ne jugeant de l'importance des maisons que par
leur extérieur, on croirait qu'elles ne sont habitées
que par des mendiants; pourtant, quand on arrive
dans l'intérieur, on change bien vite d'opinion.
Figurez-vous des cours pavées en marbre blanc ou
décorées de superbes mosaïques; une fontaine d'eau
jaillissante et fraîche au milieu qui coule toujours;

tout autour sont réunis, dans des caisses élégantes,
des grenadiers, des cédrats et des roses dont on respire les délicieux parfums. Entrez dans les apparte-
ments, vous êtes frappé du luxe qui y règne et de la
richesse des décorations : partout des lambris dorés
et peints de diverses couleurs en arabesques, de beaux
tapis, des divans d'étoffes de soie cramoisie ou de
cachemire, des vases de porcelaine encadrés dans des
boiseries sculptées, etc.

Dans les maisons chrétiennes, il y a toujours pour
le culte de ses habitants, au fond du principal ap-
partement, une espèce d'autel dans une alcove
qu'on ferme et qu'on ouvre à volonté. D'autres ar-
moires renferment chaque matin les matelas qui
ont servi de lits dans la nuit, et qui sont roulés et
recouverts d'une toile blanche.

C'est ainsi que les chrétiens, humbles et trem-
blants dans les rues de Damas à l'aspect du plus
chétif Musulman, retirés ensuite dans leurs demeures
cachées, s'y recueillent en silence, et y jouissent des
aisances de la vie au milieu des nombreux serviteurs
qui les entourent.

Je voudrais vous parler maintenant des jardins.
Imaginez-vous une étendue de sept à huit lieues autour de la ville couverte d'arbres de toute nature :
une forêt de fleurs embaume continuellement l'air,
tandis que les fruits les plus exquis s'offrent aux
regards charmés du voyageur : les orangers, les
cédrats, les abricotiers, les pêchers, les figuiers, les
pommiers, la vigne aux longs sarments, aux larges

pampres toujours fécondés par des grappes brillantes, étalent leurs richesses.

Je ne finirais pas si je vous racontais tout ce que j'ai
vu à Damas, en accompagnant mon maître dans les
bazars où il faisait ses emplètes.

D'abord cette ville est très riche, superbe, et n'a
pas moins de deux cent mille âmes de population,
non compris celle de trente beaux villages qui l'entourent comme un large ruban, et où, m'a dit mon
Turc, on respire l'aisance et la richesse.

Damas offre beaucoup de rues étroites et sales;
cependant j'en vis quelques-unes assez longues et
spacieuses. Au milieu passent les chameaux et le
bétail; les piétons vont sur les côtés. On compte à
Damas une trentaine de caravansérails ou hôtel-
leries : le plus remarquable est un édifice immense,
ayant une voûte superbe : il contient de vastes ga-
leries, des salles et beaucoup de chambres où les négociants traitent de leurs affaires.

On fait un grand commerce de chevaux arabes à
Damas; la soierie et la sellerie sont les principales
branches de son industrie. — Les Arabes du désert
viennent s'y approvisionner de tout ce qui ce tient au
harnachement des chevaux; aussi compte-t-on dans
cette ville un grand nombre d'ateliers de sellerie et
plus de quatre-vingts boutiques de selliers.

Il part chaque jour de Damas de nombreuses caravanes de marchands pour tous les pays : *Constantinople, le Caire, Bagdad,* sont en relations continuelles d'échange de leurs productions. La caravane

de la *Mecque* y apporte chaque année des trésors
immenses en marchandises de l'Inde ; et c'est pour
préserver le pillage de cette caravane que les Wabibi
attendent que le pacha de Damas passe des traités
avec les Bédouins qui la protégent et la défen-
dent.

Les bazars de Damas, ou *marchés*, m'ont paru
élégants, riches, et offrir une grande variété de belles marchandises de toutes les parties du monde. Ils
sont ordinairement couverts d'une charpente dans
laquelle on pratique de petites fenêtres ou lucarnes
par où le jour descend pour les éclairer. Chaque espèce d'industrie a son *bazar* particulier. Ce qui sur-
prend le plus, c'est d'y voir circuler sans cesse en
silence un peuple immense dont la variété des cos-
tumes étonne d'abord et égaie la vue. On compte
dans la ville un grand nombre d'établissements de
tous les genres, parmi lesquels il n'y a pas moins de
sept cents marchands d'étoffe de soie appelée de
Damas, cent et quelques ateliers de tourneurs, des
épiciers, des menuisiers, des boulangers, des bou-
chers ; cent trente boutiques de barbiers, soixante
bains publics, plus de cent cafés. Celui qui est le
plus renommé s'appelle *le café du Fleuve*. Je l'ai
remarqué : il se compose de vastes salles pavées de
pierre blanche ou de marbre, dont la voûte est soutenue par des colonnes : des divans circulaires sont
placés dans l'intervalle de chacune de ces colonnes ;
des bassins d'eau, bordés de fleurs en forme de couronnes, y entretiennent constamment la fraîcheur, et

le café se prépare dans une large niche auprès de
laquelle on voit des estrades recouvertes de nattes
très fines ou de tapis de Perse. Au dehors cet établissement est orné de pavillons verdoyants construits
près d'une rivière. Des saules, des platanes, balan-
cent leur ombre salutaire sur les habitués; on y respire le frais au doux murmure des cascades artificiel-
les, et vous y oubliez, dans une agréable rêverie, la
marche du temps et vos ennuis. Enfin je remarquai
encore à Damas que presque toutes les industries,
comme en Europe, y sont en grand nombre; et, ce
qu'il y a de singulier, c'est qu'on y voit au moins
cinq cents *traiteurs, cuisiniers publics* ou *rôtis-
seurs.* Cette ville célèbre avait autrefois une manu-
facture de sabres très renommés et connus sous le
nom de *damas.* On y fabrique encore des lames de
sabre très estimées. J'oubliais de vous citer un édifice bien remarquable, celui de la grande mosquée;
ses portes sont en bronze et d'un travail précieux.

Une chose me surprit beaucoup à Damas : ce fut
de n'y point voir, comme au Caire, des figures jaunes ou couleur de terre qui souvent attristent les
étrangers.

En général, je n'ai vu nulle part une carnation
plus belle, des enfants au teint plus blanc et plus
frais.

Pendant mon séjour, j'y fus témoin d'un spectacle
bien extraordinaire; je vais vous le faire connaître.

LES SERPENTS NOIRS A TÊTE EN CŒUR ET LES CHARMEURS ARABES.

Il s'agit de deux serpents extraordinaires. Les deux
Arabes auxquels appartenaient les serpents faisaient
beaucoup de bruit dans Damas pendant notre séjour; et je montrai pour les voir une telle curiosité
que le bon Ali, qui aussi n'était pas mal curieux, me
conduisit un jour à l'endroit où le public, en payant,
était admis à ce spectacle. On nous fit entrer dans une
grande cour où on nous installa en nous faisant remarquer la pièce où se trouvaient les serpents. C'était
une chambre d'environ vingt pieds de long sur quinze
de large, pavée en briques et enduite de plâtre en
dedans. Les fenêtres, fermées, étaient en outre garnies d'un treillage en fil de fer, de manière à rendre
la sortie des serpents impossible. Il n'y avait qu'une
porte, à laquelle on avait fait une ouverture de six à
huit pouces carrés, et cette ouverture était aussi
garnie d'un grillage. Deux hommes, qui me parurent
être des Arabes, ayant de grands cheveux et de longues barbes crépues, se tenaient dans la pièce. L'on
me dit que c'était une race particulière d'hommes
qui avaient le don de charmer les serpents. Une
caisse en bois, d'environ quatre pieds de long sur
deux de large, se trouvait placée près de la porte. A
l'un des côtés était attachée une corde en nœud cou-
lant, qui passait par un trou pratiqué à travers. Les
deux charmeurs de serpents n'avaient chacun pour

tout vêtement qu'un petit baracan. Après avoir
rempli très dévotement leurs cérémonies religieuses,
ils parurent se dire l'un à l'autre un dernier adieu;
ceci fait, l'un d'eux se retira de la chambre, et en
ferma soigneusement la porte après lui. Celui qui
était resté parut plongé dans les plus cruelles angoisses, et je vis son cœur battre et sa poitrine se
soulever avec la plus violente agitation. Trois fois il
s'écria d'une voix très forte : *Allah honakibir !* ce
qui, je crois, veut dire : *Que Dieu ait pitié de moi !*
Il se tenait alors à l'extrémité de la chambre opposée
à la caisse; au même instant celle-ci s'ouvrit, et un
serpent en sortit lentement.

Il avait environ quatre pieds de long et huit pouces
de circonférence ; la couleur de sa peau ressemblait
à tout ce qu'on peut s'imaginer de plus beau ; c'était
un brillant mélange d'un jaune-pourpre, de blanc de
crême, de noir, de brun, etc. Aussitôt qu'il aperçut
l'Arabe, ses yeux, qui étaient petits et gris, s'enflam-
mèrent. Il se redressa tout-à-coup, et s'élançant sur
l'Arabe sans défense, le saisit, en sifflant d'une manière horrible, entre les plis de son baracan, précisément au-dessus de la hanche. L'Arabe jeta alors un
cri affreux.

Au même instant un autre serpent sortit de la
caisse. Celui-ci était d'un noir très luisant. Il avait
environ sept à huit pieds de long, mais six pouces
seulement de circonférence. Dès qu'il parut, il jeta
aussi un regard furieux sur l'Arabe, sortit sa langue
fourchue, se roula en cercle, éleva sa tête à trois

pieds de la terre , et contractant la peau de sa tête,
qui avait exactement la forme et la grosseur d'un
cœur humain , il se précipita comme l'éclair sur l'A-
rabe , et lui enfonça son dard près de la veine jugu-
laire , enlaçant en même temps de plusieurs plis son
cou et ses bras. L'Arabe jeta les cris les plus affreux.
Il rendait de l'écume par la bouche , et paraissait être
à la dernière extrémité. Il saisit de la main droite le
serpent qui se tortillait autour de ses bras , en cherchant à le détacher de son cou , tandis que de la
main gauche il lui serrait la tête , sans pouvoir toutefois lui faire lâcher prise. Pendant ce temps , l'autre
serpent s'était entortillé autour de ses jambes et lui
avait fait par tout le corps des morsures profondes ,
dont le sang ruisselait sur sa couverture et sur sa
peau. A cette vue mon sang se glaça d'horreur, et à
peine avais-je la force de me tenir sur mes jambes.

Tous les efforts que fit l'Arabe pour écarter de lui
les serpents furent vains; ils le serrèrent plus étroitement encore, et, ne pouvant plus respirer, il
tomba sur le plancher, où il se roula quelque temps
dans d'affreuses convulsions, baigné dans le sang et
l'écume. Enfin il cessa de se mouvoir, et je crus qu'il
avait rendu le dernier soupir. En se débattant avant
de tomber, il avait mordu le serpent noir, au moment
où celui-ci cherchait à introduire sa tête dans sa
bouche, ce qui parut encore accroître la rage de son
antagoniste. J'entendis alors le bruit aigu d'un sifflet;
et, ayant porté mes regards vers la porte, je vis
l'autre Arabe emboucher un flageolet. Les serpents

prêtent aussitôt l'oreille aux sons qu'il fait entendre ; leur furie semble s'apaiser par degré ; et, se dégageant peu à peu du corps presque inanimé du premier Arabe, ils rampent vers la caisse, y rentrent, et y sont à l'intant même renfermés. L'Arabe qui était resté en dehors s'élança au secours de son camarade. Il tenait une fiole de liqueur noirâtre d'une main, et un ciseau de fer de l'autre. Voyant que le moribond avait les mâchoires jointes, il les lui sépara avec son ciseau, et lui versa quelques gouttes de liqueur dans la bouche ; lui ayant ensuite serré les lèvres, il lui souffla avec force dans le nez, et bassina ses nombreuses plaies avec la même liqueur. Toutefois celui-ci continuait à ne donner aucun signe de vie, et je le crus réellement mort. Il avait le cou et toutes les veines extrêmement gonflés. Son camarade le transporta peu après au grand air, et lui souffla longtemps dans les narines avant qu'il reprît connaissance. Enfin il poussa un soupir, et reprit en peu de temps assez bien ses sens pour pouvoir parler. L'enflure du cou, du corps et des jambes diminua par degré, au moyen de la liqueur noire et de l'eau fraîche dont on les bassinait constamment. On l'enveloppa d'un nouveau baracan ; mais il était si affaibli qu'il n'avait pas la force de se tenir debout, ce qui engagea son camarade à le coucher près d'un mur où il s'endormit.

L'Arabe fut plus d'une heure ensuite sans recouvrer la parole. Je m'imaginai que l'on avait arraché les dents venimeuses de ces serpents, et je le dis à

l'Arabe, qui en convint; mais lorsque je lui demandai
à quoi il fallait attribuer l'enflure du cou et du corps.
il me répondit que, quoique privés de leurs dents
vénimeuses, l'haleine et la salive de ces reptiles
étaient tellement à redouter qu'elles pouvaient seules
causer la mort. Son camarade fut guéri en peu de
jours et recommença. Les Arabes et les Maures appellent le gros serpent EL-EFFAH, et le long noir à la
tête en cœur EL-BUSHFAH.

Je continuerai demain le récit de mon jeune camarade le *tambour*, qui va commencer à nous donner
des détails curieux sur la vie intérieure des Bédouins
et sur leur désert.

CINQUIÈME VEILLÉE.

PARTICULARITÉS SUR LES ARABES.

LA VILLE DE PALMYRE.

APRÈS nous être approvisionnés de tout ce qui était nécessaire à notre commerce, mon maître et moi reprîmes le chemin du désert avec nos marchandises et le même nombre de serviteurs et de bêtes de somme que nous avions en arrivant ; mais cette fois, accompagnés de quatre Bédouins qui nous répondaient du passage sans accident, moyennant un joli cadeau que leur fit Ali.

Nous voici arpentant les plaines de sable ; de temps

en temps nous y rencontrions de petites caravanes
d'Arabes cherchant à se fixer. Les tribus qui forment
une population trop nombreuse sont souvent obligées
de se partager en détachements de trois cents à cinq
cents tentes qui contiennent environ chacune dix à
quinze individus, et de former des campements : ces
campements occupent un large espace, pour nourrir
plus à l'aise les troupeaux et avoir de l'eau. On nous
accueillit assez bien partout. J'avais rendu un léger
service à un de nos Arabes, qui par reconnaissance
me prit en amitié; je mangeai avec lui le *pain* et le
sel : c'en fut assez pour qu'il me regardât dès lors
comme son *frère*, malgré la différence de nos croyan-
ces. A dater de ce moment je pus me flatter d'avoir
un ami, un protecteur parmi les Bédouins. Cette
alliance me rendit même plus cher à mon maître,
qui, dès ce jour, me montra des égards auxquels
j'étais peu accoutumé. Vous êtes curieux sans doute
d'apprendre comment ce changement s'opéra; vous
allez le savoir.

Pendant notre marche à travers le désert, cet affreux nègre qui me surveillait toujours, et qui était
aussi chargé de conduire le chameau porteur de notre
eau et autres provisions, resta en arrière; Ali dor-
mait sur son dromadaire, et ne s'aperçut de rien : il
comptait tant sur sa fidélité qu'il ne s'en inquiéta que
vers le soir, quand la faim et la soif se firent sentir
dans la caravane. Alors, regardant de tous les côtés
vers le vaste horizon de sable qui nous entourait, et
ne voyant nulle part son nègre, le flegmatique

Musulman s'abandonna à la plus violente colère : il jeta
les hauts cris en accusant Allah et le Prophète ; mais
tout cela n'apaisait ni la faim ni la soif de personne :
la soif surtout, que chacun endurait et qui était in-
tolérable. Nous arrêtâmes ; les tentes furent dres-
sées... mais comment dîner ?... Il nous restait quelques vieilles dates desséchées, elles disparurent en
un clin-d'œil. Nos conducteurs les Bédouins étaient
particulièrement très mécontents. Mon Turc continuait à se lamenter ; il faisait pitié à voir... Il avait
beau apostropher le Prophète, celui-ci ne lui envoyait point d'eau. Je fus plus secourable à la caravane que Mahomet. Ayant examiné le terrain sur lequel nous avions dressé notre tente, je pris la longue
lance de mon ami l'Arabe et je sondai le sable. Mon
maître et ses serviteurs étonnés me regardaient en
silence ; puis tous se mirent à l'ouvrage avec moi.
Nous eûmes bientôt fait un trou de quatre pieds environ de circonférence ; nous le creusâmes à une
profondeur de sept à huit. Une terre rougeâtre et
glaiseuse se fit voir ; je redoublai d'efforts ; enfin
l'eau parut. Ce n'était point une belle eau, mais du
moins potable. — Dans ce moment je crus que les
Bédouins, les esclaves d'Ali et lui-même allaient
m'adorer comme un Dieu... Ils se jetèrent à mes
pieds avec des exclamations de joie et de respect dif-
ficiles à décrire.

Nous reprîmes notre route, et, après plusieurs
jours de marche encore, nous arrivâmes sur le territoire de l'ancienne et magnifique *Palmyre*, aujour-

d'hui un amas de ruines et de décombres ; de fûts de colonnes, les unes debout, les autres renversées ; de corniches, de chapiteaux et de pans de muraille épars sur le sable.

À une lieue et demie de la ville, nous rencontrâmes un ruisseau d'eau limpide excellente, qui coule dans une espèce de canal souterrain dont on ne découvre point la source. L'eau s'infiltre à travers des ouvertures d'environ une toise, qui forment de distance en distance, en quelque sorte, de bassins dont les bords sont couverts d'une verdure fort agréable à l'œil : jamais nous ne nous désaltérâmes avec plus de délices que dans cette eau bienfaisante qui s'offrait à nos gosiers desséchés au moment où nos bêtes et nous-mêmes allaient mourir de soif. Nous atteignîmes enfin le défilé qui conduit entre deux montagnes à Palmyre.

Ce défilé est long d'un quart de lieue et sert d'avenue à la ville, qui, du côté du midi, présente actuellement au voyageur, pendant l'espace de trois lieues au moins, un rempart très ancien. — Un vieux château, bâti par les Turcs, est en face sur la gauche ; de là nous arrivâmes à une vaste place qu'on nomme le Vallon des Tombeaux.

Ceux qui l'entourent paraissent comme autant de tours, — Ces tours ont trois, quelquefois quatre étages, très bien conservés, et qui communiquent entre eux par un escalier de pierre. — L'entrée de ces tombeaux présente des espèces de niches fermées pas de larges pierres sur lesquelles on voit

gravés assez distinctement les portraits de ceux probablement qui les ont occupés.

A peu de distance se trouve une vaste cour habi-
tée par les Bédouins, qui l'appellent *le Château.*

Cet endroit est couvert des ruines du temple du
soleil, au milieu desquelles deux cents familles
arabes ont fixé leurs demeures, et c'est ce qu'on
nomme actuellement la ville.

Dès notre arrivée nous nous rendîmes chez le
cheik, qui nous reçut fort bien. Ce cheik fournit
ordinairement deux cents chameaux pour la caravane de la Mecque.

Mon maître congédia alors nos guides qui rega-
gnèrent leur tribu. Le lendemain Ali loua une habitation adossée à un fragment de muraille antique,
tout couvert de sculptures. Nous étalâmes à notre
porte nos marchandises. Nous étions amplement
fournis de tout ce qui convient aux Arabes Bédouins.

Depuis le prétendu miracle que j'avais opéré dans
le désert, je veux parler de l'eau que j'y avais dé-
couverte, Ali me choyait tendrement. Il m'ôta cette
chaîne odieuse, marque de mon esclavage, et me
donna un turban, même un cafetan à peu près
neuf. Je ressemblais à un musulman avec mon
nouvel équipage. Mon Turc poussa la complaisance
pour moi jusqu'à me promener dans les ruines immenses que nous foulions aux pieds, et qui faisaient
le continuel sujet de mes questions et de mon admiration.

Un jour, un Palmyrien de ses amis, voyant mon

goût pour les colonnes, nous conduisit à une lieue
et demie de la triste bourgade qu'on appelle maintenant *ville*, près d'une grotte où je remarquai une
belle colonne de marbre blanc taillée et sculptée à
côté d'une autre façonnée seulement à moitié. En les
examinant, on faisait naturellement la réflexion que
le temps, qui détruit de si magnifiques monuments,
avait manqué pour placer la première de ces colonnes et achever la seconde. Nous vîmes en revenant
à la ville d'autres grottes fort curieuses, et nous rencontrâmes une belle source dont les eaux s'échappaient en murmurant à travers des décombres qui
en interrompent le cours.

Les habitants actuels de Palmyre ne sont poin
agriculteurs. Ils exploitent une saline proche la
ville, et font beaucoup de soude avec une plante
très commune dans ces contrées.

La cendre de cette même plante, qu'ils brûlent
et expédient à Damas avec leur sel, sert à faire du
savon.

LA GROTTE MERVEILLEUSE.

Quelque temps après, un Bédouin ami de celui
qui me nommait son frère, et avec lequel il s'était
entretenu de moi, me parla d'une grotte bien plus
curieuse encore que toutes celles que nous avions
vues jusqu'alors. Je demandai à mon maître la

permission d'y faire une excursion. Ali voulut m'accompagner. Nous partîmes avec deux cavaliers bien armés et un conducteur. Nous atteignîmes la grotte après trois heures et demie de marche. Elle est située dans un lieu entièrement désert. Son entrée est étroite, obscure et peu accessible. — Ali, notre guide et moi, nous y entrons pourtant, après avoir eu le soin d'attacher à son ouverture le commencement du peloton de fil que j'avais apporté et que je déroulais en avançant.

Cette grotte me sembla si grande au premier aspect que je crois qu'une armée de cent mille hommes pourrait y loger facilement.

Le terrain, les parois du rocher, sont remplis d'alun et de nitre. Le chemin inégal, les détours, les espèces du rues tantôt larges, tantôt étroites, les espaces comme de grands carrefours, ne finissaient point ; et les torches qui nous éclairaient, en guidant cette marche, offraient les images les plus bizarres, quelquefois les plus brillantes, sur les roches vives qui nous entouraient.

Il semblait que la plupart des cavités qu'on y aperçoit fréquemment, et qui ont été faites avec le ciseau, recélaient encore les métaux qu'on avait eu le soin d'en extraire.

L'aspect de cette caverne singulière m'est si bien resté dans la mémoire que je n'ai pu l'oublier.

Quand je fus au bout de mon fil, qui avait plus de cinq cents toises de longueur, je ne voulus pas aller plus loin, et prétextai, pour sortir de là, le froid

4..

qu'on y ressentait. Nous retournâmes donc à la ville.

Mon maître fit de bonnes petites affaires avec les Palmyriens, puis il se mit en mesure d'aller plus loin; il nous fallait encore un protecteur.

Le cheik qui nous avait reçus si amicalement voulut bien nous mettre en rapport avec le fils de l'un des chefs puissants qui commandent dans le désert : ce Bédouin de distinction venait d'arriver à la tente du cheik avec quinze cavaliers, pour l'informer de leurs projets à l'égard des Wahabis.

MŒURS, COUTUMES, OCCUPATIONS DES TRIBUS ARABES.

Nous fûmes présentés à l'Arabe, qui était un homme d'environ vingt-cinq ans, grand, sec, aux yeux noirs et étincelants.

— Ces marchands, lui dit le cheik, en nous désignant, Ali et moi, sont des habitants de Damas et nos amis; ils colportent leurs marchandises de tribu en tribu pour les vendre; mais, depuis les méfaits des Wahabis, on les a effrayés de telle sorte qu'ils n'osent plus parcourir seuls le désert.

— Qu'ils viennent avec moi, répondit le Bédouin, qu'on appelait l'*émir* (qualité qui équivaut à celle de *prince*), je leur servirai volontiers de patron et d'escorte... et il ne leur arrivera rien de fâcheux tant qu'ils seront parmi les miens...

Mon maître, plein de reconnaissance pour cette

généreuse promesse, invita le soir même l'*émir* et
le *cheik* à dîner avec nous, sachant bien que dès
l'instant qu'on a mangé avec un Bédouin on devient
parmi eux un personnage inviolable et sacré.

— Nous fîmes tuer un mouton, et notre dîner, pré-
paré à la manière des Arabes, leur parut bon...
Nous leur présentâmes au dessert des figues, ce qui
fut pour eux un grand régal.

L'*émir* apprit le lendemain, par un de ses cou-
reurs, qu'un parti ennemi s'avançait vers sa tribu,
qui était à deux jours de marche de Palmyre. Il fit
partir en toute hâte un exprès pour son camp, afin
de lui faire prendre une autre direction et d'envoyer
à sa rencontre cinq cents cavaliers. Il avait à sa suite
un Bédouin intrépide qui s'offrit pour porter ses
ordres. Cet Arabe vint attacher sa jument à l'entrée
de notre tente, et nous prier de lui prêter un feutre.
Nous en avions plusieurs qui enveloppaient nos marchandises. J'allai lui en chercher un. Il le mit dans
l'eau pendant trente à quarante minutes, et le plaça
ensuite tout mouillé sur le dos de sa bête, la selle
par dessus.

La jument, quelques heures après, eut une forte
diarrhée, et le soir son ventre se trouva tellement
diminué qu'elle semblait n'avoir rien dans le corps.

L'émir, à cette vue, dit à l'Arabe : Tu peux partir,
je suis bien assuré maintenant que nul ne pourra
t'atteindre à la course.

Le Bédouin partit après avoir sanglé fortement
sa jument. — Trois jours après nous le vîmes revenir

tout joyeux, apportant pour nouvelle que la tribu
de l'émir avait pris un autre chemin, et que les cinq
cents cavaliers demandés pour escorte arriveraient
dans la journée.

Voici ce qu'il nous conta des exploits de sa monture :

Parvenu dans le désert à un passage qu'il fallait
franchir pour aller remplir sa mission, un parti
ennemi l'aperçut et fondit sur lui. Tout près d'être
atteint, et au milieu de ses adversaires, il poussa un
grand cri, et parlant à sa cavale : *Jah-hamra !* lui
dit-il, c'est aujourd'hui ton tour ! Et sa bête partit
comme un éclair.

Emerveillé de la vitesse de ma jument, continua
le Bédouin, car elle ressemblait à un oiseau qui fend
l'air, les ennemis confondus cessèrent de me pour-
suivre ; et me voilà.

Les cavaliers arrivèrent effectivement le soir, et
le lendemain nous nous mîmes tous en route.

Après plusieurs jours de marche, nous rejoignî-
mes la tribu de notre protecteur.

Nous descendîmes de nos bêtes ainsi que l'émir,
qui fut entouré à l'instant. Il nous fit entrer dans sa
tente qui avait cent pieds de long et autant de large ;
elle était de toile de crin noir et partagée en trois
chambres. Dans le fond on garde les provisions et on
fait la cuisine : c'est aussi le lieu où les esclaves cou-
chent.

Le centre est occupé par les femmes, et la famille
s'y retire la nuit. Le devant de la tente, appelé *rabha*,

est destiné aux hommes. C'est là qu'ils accueillent les étrangers et que nous fûmes reçus. On nous servit d'abord et à trois reprises du café, ce qui, chez les Bédouins, est la plus grande marque de considération.

Mon aventure du désert avait circulé. On disait partout qu'on pouvait voyager avec moi sans provision d'eau, que j'en savais trouver dans tous les lieux. D'un autre côté, un enfant que j'avais guéri, en lui faisant prendre les choses les plus simples, avait augmenté ma renommée : les Arabes m'appelaient le nouveau *Joseph* (1). Mon maître, tout glorieux, n'avait garde d'affaiblir ma réputation; il y trouvait trop bien son compte.

Le lendemain de notre arrivée nous fûmes invités à un grand festin. On tua pour nous régaler un chameau. Ce qui me déplaisait, c'est qu'il fallait manger à la *turque*, autrement dit sans cuiller ni fourchette. Je me brûlais les doigts et n'allais guère vite, ce qui excitait le rire de mes hôtes.

Après deux jours consacrés à l'hospitalité nous déballâmes nos marchandises, et tous les yeux purent s'en rassasier.

Les femmes surtout étaient pour nous d'excellentes pratiques.

Le frère de l'émir, qu'on nommait *Farèss*, après avoir mangé le *pain* et le *sel* avec moi, me prit en

(1) Nom du fils de Jacob qui opéra tant de merveilles en Egypte. (*Voyez l'histoire de Joseph dans la Bible.*)

très grande affection, et, quoiqu'il ne parlât point
ma langue et que je fusse privé de converser avec lui,
excepté par signes ou par l'intermédiaire de mon
Turc, il montrait une vive reconnaissance pour les
expressions de dévouement que je manifestais à son
égard. Comme on s'attendait à tous moments à être
attaqué, on se tenait sur ses gardes. Enfin l'émir
donna l'ordre de lever le camp. Les pâturages manquaient; puis on craignait l'ennemi : raison péremp-
toire pour déloger.

En conséquence, le lendemain, au lever de l'au-
rore, les tentes furent pliées, chargées sur des chameaux, et le départ s'opéra avec un ordre parfait.
Vingt cavaliers allaient en avant comme autant
d'éclaireurs. — Venaient ensuite les troupeaux de
moutons, de chèvres, et les chameaux sans charge ;
puis les Bédouins montés sur des dromadaires ou des
chevaux et armés de lances. — Les femmes après
eux. — Celles des chefs étaient portées, dans des
espèces de *palanquins* appelés *haudags,* par de
grands chameaux. — Ces palanquins sont couverts
en drap rouge, garnis de franges de couleurs variées,
soigneusement doublés d'étoffes de soie. Ils contiennent ordinairement une femme et plusieurs enfants
et paraissent très commodes. Les femmes et les
enfants d'un rang inférieur sont placés simplement
sur des chameaux, auxquels on a fait des espèces de
selles avec des rouleaux de toile.

Les bêtes de charge étaient à la queue de la caravane, où se tenait l'émir pour veiller à ce qu'il ne

restât personne en arrière, tandis que son frère
et son père marchaient en tête, entourés de guerriers et d'esclaves tant à pied qu'à cheval. — L'émir
montait une jument arabe de pur sang, du plus
grand prix, et nous l'accompagnions suivis de nos
serviteurs et de nos bagages.

On ne saurait se faire une idée du spectacle imposant de la marche d'une tribu de douze à quinze
mille individus Bédouins à travers le désert, si on ne
l'a vu soi-même. Aucune description ne peut rendre
ce coup d'œil pittoresque et singulier. L'ordre,
la célérité règnent partout, et partout on n'aperçoit
qu'un vaste horizon blanchâtre, le ciel en feu et des
sables brûlants.

Nous étions en marche depuis le commencement
du jour. Déjà le soleil commençait à pâlir et à baisser
vers l'orient, quand tout-à-coup on ordonna de faire
halte.

Je m'arrêterai aussi, mes amis, pour vous laisser
respirer. Demain je continuerai mon récit, s'il ne
vous ennuie pas.

SIXIÈME VEILLÉE.

L'*oasis* offrait de bons pâturages; nous commencions à nous y plaire, quand, au moment où on s'y attendait le moins, nous fûmes attaqués la nuit, à l'improviste, et une grande partie des troupeaux de la tribu fut enlevée.

On courut après les ravisseurs. Le jour se passa sans pouvoir les atteindre... enfin vers le soir on les découvrit. Un combat eut lieu, la moitié des bestiaux fut reprise; mais plusieurs centaines de chameaux restèrent au pouvoir de l'ennemi, et nous eûmes des morts et beaucoup de blessés. La douleur alors devint générale, et l'émir résolut de se réunir au Drahy, ce chef puissant autour duquel toutes les tribus du désert se rangeaient pour faire tête aux féroces Wahabis...

Comme nos intérêts de commerce nous forçaient aussi nous-mêmes à aller de l'une à l'autre tribu, nous résolûmes de nous rendre à celle du grand émir.

En prenant les devants, nous devions servir comme d'envoyés de celui sous la protection duquel nous nous étions placés. Il nous donna un Bédouin éprouvé pour nous accompagner. Il faisait assez froid lorsque nous partîmes : j'étais monté sur un âne. Mon maître cheminait sur un mauvais cheval, et notre bagage suivait, porté par des chameaux que des esclaves conduisaient à pied dans la compagnie de l'Arabe.

Arrivés à un défilé, entre deux rochers, nous fûmes tout-à-coup entourés par un parti de Bédouins inconnus qui s'enfuit après nous avoir tout enlevé.

Notre conducteur voulait nous défendre, mais il n'était pas le plus fort. Dépouillé, resté avec une seule chemise, je tombai bientôt sur la terre, gelé, engourdi par le froid; j'y demeurai évanoui. J'aurais infailliblement péri si l'Arabe, après avoir couvert mon maître de son grand manteau blanc appelé *burnous*, ne se fût occupé de moi. — Il renversa d'un coup de lance le cheval d'Ali, à moitié mort de froid, dont les voleurs avaient dédaigné la capture. Il se mit ensuite à lui fendre le ventre, à retirer ses intestins, puis il me fourra dedans, laissant ma tête dehors pour respirer. — J'eus bientôt, dans cet asile d'une singulière invention, repris mes sens et la parole, et mes forces revinrent assez pour me permettre de marcher.

Enfin nous atteignîmes un village. Nous étions sauvés; néanmoins j'éprouvai de la peine à me refaire, quoique, pendant trois jours, mon maître et moi fussions l'objet des attentions de l'hôte chez lequel nous avait conduits le Bédouin allié à l'émir.

Au bout d'une semaine nous pûmes continuer notre route, aussi légers de bagages que d'argent; mais nous n'allions guère vite. Ali semblait fort triste, et moi je n'étais pas plus gai. — Nous arrivâmes ainsi au milieu des tentes de l'allié de notre ami : le coup d'œil en était imposant. Chacune d'elles apparaissait entourée de chevaux magnifiques, de chameaux, de chèvres et de moutons.

L'habitation nomade du chef de toute la tribu, composée de plus de trois mille tentes, se trouvait au milieu, et se distinguait par son élévation et sa grandeur.

L'émir apprenant notre aventure entra dans une violente colère; sur l'indication de notre Bédouin, il reconnut les voleurs, et mit aussitôt en campagne à leur poursuite une troupe de cavaliers : quelques jours suffirent pour retrouver et ramener nos marchandises et nos chameaux, qui nous furent rendus. Notre protecteur était généreux et très hospitalier; il nous fit cadeau, par forme de compensation, de deux beaux ânes et de six moutons. Nous pûmes alors continuer notre voyage, et cette fois avec plus de sûreté. Je montai l'un des deux ânes, à l'allure douce et paisible; l'autre portait nos vivres.

Nous visitâmes ainsi, mon maître et moi, plus de trente tribus d'Arabes, les unes après les autres. Quand nos marchandises étaient épuisées, nous retournions à Damas pour en reprendre d'autres; puis nous rentrions dans le désert, où nous appelait notre commerce. Depuis un an que je faisais le même métier, je m'étais tellement habitué à la langue, aux usages et à la vie errante des Arabes, que je commençais à me faire comprendre de ce peuple singulier, dont je m'efforçais même à imiter les mœurs. Ali, mon maître, me traitait en ami, sans pourtant manifester encore le désir de me rendre à la liberté. Au reste, j'en connaissais bien la raison : je possédais des talents d'agrément qui, dans nos récréations, servaient à m'acquérir des amis et des admirateurs : je battais très bien de la caisse, et

avec des variations et une agilité surprenante ; j'es-
camotais à merveille, et je connaissais quelques
tours de physique capables de me faire passer pour
sorcier, si je l'eusse voulu, chez ces peuples crédules. — Ajoutez la réputation déjà que je m'étais
faite dans le désert... Ali ne pouvant plus se passer
de moi, qui lui procurait de très bonnes affaires,
comment se serait-il donc décidé à renvoyer l'instrument de sa fortune ?

Je ne sais si je vous ai dit que les Bédouins aiment
beaucoup les histoires : mon Turc, qui en savait
plus d'une, captivait souvent leur attention par ses
récits. Depuis dix ans cet homme voyageait sans
cesse au milieu des tribus arabes, dont il cherchait,
par ses complaisances, à se concilier la bienveillance.

Ali était pour eux une espèce de chronique ambu-
lante qui les mettait au courant de tout ce qui pouvait les intéresser, les amuser ou leur plaire, même
leur inspirer des sentiments qui tournaient toujours
à l'avantage de sa position. — Voici une des histoires
qu'il leur raconta en ma présence.

« Un riche marchand de bestiaux, nommé *Mourad*, menait à Damas un troupeau de douze mille
têtes de bétail pour les vendre. En route il rencontra
quatre pauvres Bédouins de médiocre apparence,
fit leur connaissance et les régala amplement. S'il en
agit de la sorte avec eux, ce fut plutôt par l'effet de
son bon cœur que pour tout autre motif ; car il avait
pour sa défense une escorte nombreuse de serviteurs
et plusieurs soldats avec lui. — Cependant, près

de se séparer, l'un des Bédouïns, appelé Saker, proposa au marchand une alliance fraternelle. Mourad, toujours bon et modeste, loin de s'enorgueillir de sa fortune, et de mépriser l'offre obligeante du pauvre habitant du désert, accepte sa proposition et lui présente vingt piastres et plusieurs poignées de tabac, après avoir mangé ensemble le *pain* et le *sel*. Saker remit les trois quarts des piastres et du tabac à ses camarades, en leur disant : « Vous témoigne-
» rez, dans l'occasion, que ce marchand a fait
» alliance avec moi, et que désormais je le considère
comme étant mon frère. » Les Bédouins le jurèrent. Peu après on se sépare : les uns s'enfoncent dans le désert, les autres s'avancent vers Damas, dont on n'était plus qu'à deux journées.

» Le lendemain, presque en vue de la ville, un parti de Bédouins, au nombre de trois cents cavaliers environ, fondit sur le malheureux Mourad, dispersa son escorte, enleva ses troupeaux, ses bagages, ses esclaves, et le laissa seul et nu sur la place. Ce fut dans ce piteux état qu'il entra à Damas, disant à tous ceux qu'il rencontrait qu'il avait été vendu par l'arabe Saker et ses compagnons, après avoir contracté alliance avec eux. Bientôt cette nouvelle circula dans le désert, et parvint jusqu'au Bédouin innocent. Désespéré de ce qui était arrivé à Mourad son frère, il vole au camp où se trouvent ses témoins, et se rend avec eux chez le cheik de la tribu des spoliateurs de son ami. Il expose l'affaire, et ses témoins l'affirment : tout ce qui avait été enlevé

au marchand lui est rendu. Plein de joie, fier de son
succès, il prend la route de Damas, conduisant
lui-même les troupeaux, les bagages, les serviteurs
et les esclaves de son frère. Toutes ces richesses
sont laissées en dehors de la ville, près de l'une des
portes, et couvrent un large espace : elles sont
confiées par l'Arabe à la garde des esclaves du marchand, dont il va s'informer à la ville.

» L'aventure de Mourad avait fait assez de bruit pour
qu'il y fût connu. Le Bédouin le rencontra devant
un bazar, assis tristement dans un coin, comme un
mendiant qui implore la pitié des passants. Saker
se sent ému et lui saute au cou, l'embrasse, pleure,
lui dit d'avoir confiance en Dieu et son Prophète...
puis, prenant un air moins triste, il l'informe que
toutes ses richesses lui sont rendues, et veut l'emmener hors de la ville, en l'assurant qu'il y trouvera
ses troupeaux, ses esclaves et ses bagages qui l'y
attendent. — Le marchand, que la vue du Bédouin
a mis dans une grande fureur, au lieu de le suivre,
lui reproche amèrement sa perfidie, sa déloyauté,
et veut s'éloigner de lui avec mépris. — L'Arabe
insiste, prie avec instance, et Mourad, moitié par
force, moitié de bonne volonté, se laisse conduire
enfin, tout en craignant que sa condition ne devienne
pire encore. Mais, arrivé dans la campagne, que
l'on juge de sa surprise lorsque tout-à-coup il est
entouré de ses serviteurs qui font éclater leur joie
en le revoyant, et qu'il aperçoit autour de lui les
troupeaux qui lui ont été ravis. Le marchand n'en

pouvait croire ses yeux qui versaient des larmes
de reconnaissance et de bonheur. Dans son délire il
serre sur son cœur et dans ses bras le Bédouin, qu'il
nomme cette fois, à bon droit, son frère et son ami.
Il veut le retenir, ne plus s'en séparer, partager au
moins avec lui ce qu'il doit à sa générosité. Saker
montre de la main le désert, en disant : Ma famille,
ma félicité, tout est là. Le marchand insiste pour lui
faire accepter un riche cadeau. Le Bédouin eut toutes
les peines du monde à vouloir se charger seulement
d'une paire de bottes de maroquin jaune pour son
usage, et de quelques aunes de toile pour sa femme ;
après quoi il alla rejoindre sa tribu. »

Allons, pour ce soir, je crois qu'en voilà assez :
d'autant mieux que je vois des yeux se fermer.....
Mes bons amis, c'est l'heure du sommeil, reprit
le Père La Pensée. Un autre jour, je continuerai
ce chapitre qui ne manque pas d'intérêt.

SEPTIÈME VEILLÉE.

CONTINUATION DU RÉCIT SUR LES BÉDOUINS.

LORSQUE les Bédouins sont braves, qu'ils possèdent de bons chevaux et des armes, ils acquièrent
facilement de la prépondérance et se font redouter :
c'est alors qu'ils deviennent riches, puissants,
cheiks, quelquefois émirs ou commandants de plusieurs tribus réunies pour le bien-être commun.

Il existe dans les déserts de Syrie deux grandes
familles de Bédouins et deux partis bien distincts.
L'un de ces partis est dépendant du roi Sioud, sou-

verain de Wahabi, et l'autre d'un émir puissant appelé le *Drahy*, que j'ai déjà nommé. Cet émir avait sous ses ordres un grand nombre de cavaliers et de guerriers montés sur des chameaux : deux hommes se tenaient habituellement sur ces animaux, armés de fusils à mèche. — Le Drahy se trouvait toujours prêt à combattre, et lorsqu'il tombait sur l'ennemi commun il faisait souvent un grand butin. Quand il conquérait quelques belles cavales, qui toutes avaient leur origine et leur nom, cela passait pour un bel exploit (1).

On a vu des tribus ennemies, se livrant bataille, s'arrêter tout-à-coup au milieu du combat, comme du temps de la chevalerie, pour laisser le champ libre à deux adversaires qui se défiaient à outrance. Deux Bédouins sortis chacun des rangs opposés se présentent bravement. On leur fait place ; ils sont en un moment en présence l'un de l'autre, et un combat général est à l'instant suspendu pour un combat particulier dont le résultat doit être la gloire de l'un et la honte de l'autre.

---

(1) Les chevaux sont ordinairement ce que les Bédouins estiment le plus. Ils assistent à leur naissance comme on ferait d'un enfant chéri ; ils les soignent et les élèvent avec une attention toute particulière. Ces animaux vivent pour ainsi dire avec leurs maîtres et font comme partie de la famille. Les femelles sont plus estimées des Bédouins, parce qu'en voyage elles leur sont plus utiles, soit qu'ils se servent de leur lait, soit parce qu'elles ne les trahissent point, pendant leurs expéditions nocturnes, par leurs hennissements, comme les chevaux.

(Note de l'Auteur.)

Les Bédouins ont une valeur égale, tous deux aspirent à la victoire. Ils se mesurent d'abord des yeux, puis se provoquent par des gestes et de grands cris. Enfin ils s'éloignent pour prendre du terrain, et reviennent ensuite avec furie, l'un sur l'autre, la lance en arrêt. La lutte est longue et terrible. Les chevaux, haletants de fatigue, tout couverts d'écume et de sueur, n'obéissent plus au frein qui les guide... Pourtant l'un des adversaires a beau faire, il ne peut éviter la lance de son rival qui le perce d'outre en outre : il tombe, et les amis qui l'accompagnent prennent à l'instant la fuite avec leur tribu, en consignant volontairement son cheval au vainqueur, qui, dans ce cas, ne peut plus ni le tuer ni le faire prisonnier.

Je dois vous dire ce que j'ai vu à l'occasion des blessures que reçoivent les Arabes, et cela vous paraîtra d'autant plus extraordinaire qu'ils n'ont ni médecins ni chirurgiens. — On apporta à notre camp un Bédouin qui avait reçu un coup de lance de part en part. Le fer de la lance était même resté dans le corps du blessé, qui, pendant tout le temps qu'on la lui retirait, riait; et, prenant ma pipe, se mit à fumer. — Pour tout remède on lui fit boire du lait de chamelle; tous les jours on lavait sa plaie avec l'urine de cet animal, et on le nourrit durant sa maladie de quelques dattes cuites dans le beurre. Au bout de vingt jours le Bédouin était guéri et montait à cheval.

Je commençais à m'accoutumer à la chair et au lait des chamelles, dont les Bédouins se font un régal.

Le chameau destiné à leur nourriture a le poil blanc comme la neige, et ne sert jamais de bête de charge. Sa viande est grasse et rouge comme celle de notre bœuf. Le lait de chamelle que les Arabes ne peuvent consommer se donne aux chevaux de race, ce qui les fortifie extrêmement.

Les Wahabis continuaient de faire la guerre à tous ceux qui refusaient d'embrasser leur religion ou de payer la dîme.

L'émir, protecteur des opprimés, partit à la tête de dix mille cavaliers pour aller les combattre. On demeura plusieurs jours sans avoir de ses nouvelles. Tout le camp était dans l'inquiétude. Mon maître et moi regrettions déjà de ne pas être éloignés du théâtre de la guerre, quand un Bédouin arriva ventre à terre sur sa jument, faisant flotter sa ceinture blanche au bout de sa lance, en criant : Victoire ! — Le camp entier fut en émoi; de tous côtés on vint entourer le messager afin d'avoir des nouvelles, et chacun, suivant ses moyens, lui fit un présent. On se livra bientôt à la joie : des feux furent allumés, des moutons égorgés, et des préparatifs de festins pour les vainqueurs qu'on attendait se montrèrent partout. Ce mouvement, exécuté par les femmes seules, offrait un coup d'œil fort curieux. On se porta ensuite au-devant de l'armée victorieuse, qui amenait un grand butin de bestiaux. Elle effectua son entrée au milieu de l'allégresse générale et des coups de fusil. Les festins, les joûtes, les courses commencèrent, puis chacun raconta ses exploits.

L'armée ennemie était commandée par un nègre d'une force prodigieuse, aussi laid que vaillant, aussi original que féroce. Avant le combat, ce général à tête moutonnée ôta son turban, ses bottes, releva les manches de son vêtement, espèce de veste, jusqu'aux épaules. Sa tête énorme et son menton n'avaient jamais été rasés, ses cheveux et sa barbe étaient noirs et crépus; son corps velu comme celui d'une bête lui donnait l'aspect le plus sauvage : ses yeux perçants semblaient lancer la foudre, et l'ensemble de toute sa personne offrait un spectacle hideux et effrayant. — Il fut joint par l'émir, et le combat s'engagea. Le nègre fit des prodiges de valeur; mais les siens, enfoncés de toutes parts par les cavaliers de l'émir, lâchèrent pied, abandonnant leur bétail, leurs tentes et tout ce qu'ils possédaient pour fuir plus vite, laissant deux cents des leurs sur la place. Le butin se trouva considérable, et un partage égal eut lieu entre les combattants. Après une victoire aussi éclatante, plusieurs tribus se déclarèrent pour le *Drahy*. On leur représenta le roi des Wahabis, *Ebn-Sihoud*, comme ayant l'habitude d'exiger de chaque individu un dixième de ce qu'il possédait de meilleur, ce qui exaspérait les Bédouins, qui n'aiment rien autant que leur liberté, leur indépendance, et la possession sans trouble de tout ce que le vol, le pillage, la fraude, peuvent leur procurer. Ils appellent cela *les secours que la Providence leur envoie*.

L'émir donna un grand repas auquel mon maître

5..

et moi assistâmes. Cinq chameaux, trente moutons, furent égorgés. On servit le festin hors des tentes et par terre. Les plats semblaient être d'argent, quoiqu'ils ne fussent que de cuivre étamé. — Chacun d'eux contenait plus de trois cents livres de riz cuit, dressé en forme de cône, d'une élévation de cinq à six pieds, et surmonté d'un mouton rôti. Ces plats étaient portés par quatre hommes. D'autres, surmontés d'un quartier de chameau ou d'une autruche, l'étaient par un nombre égal de servants. Des plats d'une moindre grandeur, de mets bouillis accommodés avec des dattes ou d'autres fruits secs, remplissaient les intervalles. Le pain, façonné en petits gâteaux ronds, était excellent. Les convives étant acroupis et rangés autour des plats, nous ne pouvions guère distinguer les personnes placées vis-à-vis de nous, à cause de la distance qui nous en séparait. Je remarquai, et mon Turc aussi, que les Bédouins de cette tribu sont plus riches, plus civilisés que ceux des autres. — Les femmes, naturellement jolies et coquettes, portent des vêtements de soie de Damas, des bracelets en verre de couleur, et des boucles d'oreilles en argent et en or : presque toutes ont un anneau d'or au nez. — Après quelques jours passés dans les fêtes, comme nous avions épuisé nos marchandises, et que nous ne nous trouvions pas trop éloignés d'*Alep*, Ali voulut aller s'y approvisionner.

Alors seulement je m'aperçus qu'il me manquait quelque chose : je n'étais pas heureux loin de mes

compatriotes, dont la renommée arrivait jusqu'à
moi. Cependant, naturellement curieux, je désirais
rester encore quelque temps avec les Bédouins, pour
tâcher de voir de plus près les Wahabis, et surtout
leur roi, dont on parlait continuellement; sans cela
j'aurais fait consentir mon maître à me donner la liberté, ou cherché à me la donner moi-même.

Au moment où on était encore en fête, un cavalier
arriva, couvert de sueur, pour annoncer à nos hôtes
que les Wahabis, s'étant réunis, marchaient contre
eux aussi nombreux que les sauterelles qui, quelques
années auparavant, avaient apporté et mis la famine
dans le désert.

Ces sauterelles, effectivement, tombèrent en si
grande quantité sur les plaines de verdure répandues
çà et là dans le désert, qu'elles y dévorèrent tout, à
tel point que les Arabes, privés de nourriture, furent
contraints, pour ne pas mourir de faim, de rassembler des quantités énormes de ces insectes dont
ils formaient une espèce de pâte qu'ils mangeaient.
Mais leurs troupeaux refusaient cet aliment, et il
mourut pour cette raison beaucoup de bestiaux. —
Revenons à notre tribu.

L'émir, homme de courage et de prudence, envoya plusieurs de ses parents en avant, afin de s'assurer de la vérité. Elle ne se vérifia que trop, et l'ordre fut donné à l'instant de changer de position.
L'ennemi, qui nous suivait de près, nous força de
hâter notre départ, et d'accélérer notre marche. La
plus grande fatigue de cette sorte de fuite tombait

sur les femmes chargées de traire les chamelles et de cuire le pain, sans pour cela s'arrêter. La manière dont cette cuisine nomade a lieu mérite d'être rapportée.

Il se trouvait de distance en distance des Bédouines qui s'en occupaient continuellement. La première était montée sur un chameau qui avait sa charge de blé; un moulin à bras devant elle servait à le moudre; elle passait la farine à sa voisine qui aussitôt la pétrissait avec l'eau des outres qui pendaient de chaque côté du chameau qu'elle montait. La pâte ainsi préparée était remise immédiatement à une troisième femme qui la faisait cuire, sans s'arrêter, dans des espèces de moules en fer, sur un réchaud dont le feu était alimenté avec de la fiente séchée de chameau, que l'on conservait dans des sacs pour cet usage. Ces espèces de gâteaux, ainsi préparés, se distribuaient à mesure qu'on les fabriquait. D'autres femmes se tenaient à côté des chamelles, les trayaient en marchant dans des vases de bois contenant à peu près cinq pintes de lait, et on passait ces vases de l'un à l'autre pour que chacun à son tour pût étancher sa soif tout en marchant. Les chevaux, les chameaux, mangeaient aussi en marchant les aliments qu'on avait placés dans des sacs attachés et suspendus à leur cou.

Lorsque le sommeil pressait trop, on s'étendait sur sa monture, les pieds arrêtés par une corde ou passés dans une besace pour ne pas tomber. La marche cadencée et lente des chameaux, lorsqu'on y est habitué, invite au repos, et je n'ai jamais mieux dormi que pendant ce voyage où tout était en mouvement et en émoi.

Arrivés à l'Euphrate, nous le passâmes pour nous joindre à plusieurs autres tribus : ainsi réunis nous présentions plus de trente mille combattants. Ce fut alors que nous attendîmes l'armée des Wahabis.

J'oubliais de vous dire que, pendant cette marche longue et pénible, nous fîmes notre première halte chez des Bédouins fort pauvres, puisqu'ils ne possèdent pour toute fortune que quelques ânes : ils vivent de la chasse des gazelles et des autruches. Leur vêtement est très grossier et consiste en une ou plusieurs peaux de gazelle cousues ensemble, et qui forment une robe longue dont les manches pendantes sont fort larges; la fourrure tournée en dehors donne à ces Arabes l'air de bêtes fauves et un aspect sauvage.

Ces Bédouins nous donnèrent le plaisir d'une chasse aux autruches. La femelle ayant déposé ses œufs dans le sable, va s'établir à quelque distance, sans pour cela les perdre de vue, les couvant pour ainsi dire des yeux. Elle reste en observation et immobile durant une grande partie du jour, et jusqu'à ce qu'il plaise au mâle de venir la relever. Alors, et pendant qu'il est de faction à son tour, elle va chercher sa subsistance.

Quand un chasseur a découvert une couvée, il se construit une espèce de rempart formé de sable et de quelques pierres pour se mettre à l'abri derrière, guettant l'instant favorable à ses projets. Dès, qu'il aperçoit la femelle seule, et que le mâle lui paraît assez éloigné pour ne pouvoir prendre l'alarme et la fuite au bruit du coup qu'il va tirer, il ajuste son fusil chargé de chevrotines, tire, puis court relever l'autruche morte, essuie son sang, la remet dans la même situation près de ses œufs, et va de nouveau à son poste à l'approche du mâle. Celui-ci, sans défiance, reprend sa faction; le chasseur l'ajuste, et devient par ce moyen possesseur du pauvre couple que la ruse et l'adresse ont fait succomber. Si le mâle a eu quelques soupçons, il s'éloigne rapidement; le chasseur court après l'oiseau, qui, en s'éloignant, se défend en lançant derrière lui des pierres avec une grande force et à une grande distance contre son adversaire, qui risque, souvent d'en être grièvement blessé, et quelquefois aveuglé. Après la chasse, les Bédouins montent sur leurs ânes, et vont vendre les plumes d'autruche à Damas, où il s'en fait un grand commerce.

Cependant, la guerre continuant avec les Wahabis, nos amis en furent victimes, et il y eut une assemblée générale des principaux chefs de tribus qui faisaient cause commune avec le grand émir, qui décida qu'on enverrait un ambassadeur au roi. Le frère du Drahy fut choisi pour cette mission; on lui adjoignit plusieurs cheiks et des parents du Drahy. Il partit accompagné de quelques cavaliers d'élite et chargé de présents. Voici ce qu'il raconta à son retour.

Mais ce récit sera le sujet de la prochaine veillée.

HUITIÈME VEILLÉE.

ORIGINE DES WAHABIS. — L'AMBASSADEUR.

AVANT de vous dire comment le roi des Wahabis nous a reçus, il n'est pas hors de propos, je crois, mes frères et mes parents, de vous faire connaître l'origine de son peuple, maintenant notre allié. On raconte que, dans l'Yemen, un pauvre pasteur, nommé *Suleiman,* vit en songe une flamme qui sortait de son corps et se répandait au loin, dévorant tout ce qu'elle rencontrait. Il consulta les devins, qui lui annoncèrent que son fils serait le chef d'une

nouvelle secte et d'une grande nation. Cette prédic-
tion s'est en quelque sorte accomplie dans la personne du fils de Suleiman, qui sut se prévaloir de ce
songe vrai ou faux auprès de quelques crédules
Arabes du désert. Il prit le nom de cheik *Mohammed*, et leur persuada qu'il descendait du Prophète,
et n'était venu que pour les éclairer sur son vrai
culte. Il voulait que le Coran fût regardé comme un
livre écrit dans le ciel par les anges mêmes, et il
prétendait en faire adopter les préceptes, quoiqu'il
n'admît pas les traditions des Musulmans. Selon lui,
Mahomet est bien un sage aimé de Dieu; mais il
blâme les hommages qu'on lui rend : il assure que
le souverain Être, blessé de cette sorte de culte, l'a
envoyé sur la terre pour en détromper les hommes,
et que tous ceux qui ne l'écouteront pas seront
exterminés. — Sa doctrine, répandue d'abord en
secret, lui fit plusieurs prosélytes. — N'ayant pas
aussi bien réussi en Syrie, où il s'était rendu, il
revint en Arabie après trois ans d'absence. Il trouva
dans un de ses parents, homme brave et courageux,
devenu chef de tribu, le protecteur qu'il lui fallait. — Ebu-Sehoud, ainsi s'appelait-il, après avoir
réuni autour de lui tous les Arabes Bédouins qu'il
put trouver, étendit pendant quinze ans ses conquêtes et propagea la croyance de son parent, dont
l'enthousiasme fanatique ne contribuait pas peu à lui
faire des partisans. Enfin le nouveau culte acquit
de la consistance. Mohammed fut déclaré pontife
suprême des Wahabis, tandis que Ebn-Sehoud s'en
faisait reconnaître pour le général et le roi.

Ils choisirent pour leur capitale *Drehieh* ou *Derrei*, au sud-est de Bassora, dans le désert. Au moyen des prédications du nouveau pontife, le roi des Wahabis eut bientôt une puissance redoutable et une armée considérable. Il mourut au milieu de ses conquêtes ; mais son fils *Abd-el-Azis* lui succéda. Celui-ci poursuivit ses succès. Toutes celles des tribus de Bédouins qui ne voulaient pas embrasser la nouvelle religion étaient impitoyablement massacrées, et toutes leurs richesses envahies. Il ne ménageait que les femmes et les filles. Si au contraire la tribu attaquée consentait à se soumettre, Abd-el-Azis établissait près d'elle un chef qui percevait en son nom la dîme sur les troupeaux, les denrées, l'argent et même les hommes : c'est ainsi qu'en peu d'années il amassa de grandes richesses et se créa une armée de plus de cent mille hommes, qui fit trembler les pachas d'Egypte et de Damas. C'est ainsi que les Arabes Bédouins des déserts situés entre la mer Rouge, le golfe Persique et les environs d'*Alep* et de *Damas*, cédant pour la plupart les uns après les autres, sont en quelque sorte devenus les tributaires et les sujets du chef des Wahabis. — Ceux-ci ont en horreur les Mahométans, quoiqu'ils aient conservé d'eux beaucoup de pratiques religieuses. — Ils enterrent leurs morts sans aucune pompe. Ils vivent de pain d'orge, de dattes, de sauterelles, de poissons ; ils ne mangent que rarement du mouton et du riz. Leurs vêtements et leurs cabanes sont fort simples. La nation est divisée en trois classes : les

guerriers , les laboureurs et les artisans. Ils cultivent
les terres, et travaillent de différents métiers. Ils
sont assez habiles dans les ouvrages en métaux. Il y
a chez eux des forgerons, des tisserands; leurs
ouvrages en osier , en laine et en coton sont estimés.

LE ROI DES WAHABIS.

Après une marche longue et pénible, nous
arrivâmes sur les terres des Wahabis. En traversant
le Nedgdé, on trouve un pays très beau, un peu
montueux, entrecoupé de vallons, de jolies villes,
de villages : nous y rencontrâmes beaucoup de tribus
vagabondes. Les villes semblent anciennes; elles sont
médiocrement peuplées. Les Bédouins occupent les
villages et sont cultivateurs. Le sol produit des
dattes, du blé, et une grande diversité de légumes.
J'y ai vu des fruits superbes. Partout on nous
accueillit comme de vrais enfants du désert, avec
une hospitalité soutenue. Il paraît que le roi est mal
vu de ses sujets; sa tyrannie lui fait grand nombre
d'ennemis : on le craint; mais on ne l'aime pas.
Enfin nous entrâmes dans la capitale des Wahabis,
entourée de dattiers d'une assez mince apparence,
et d'un aspect aussi sombre que sauvage. Arrivés à
une des portes de la ville, nous y trouvâmes une
garde nègre habillée de rouge qui nous attendait et
nous mena au palais du roi, lequel est bâti dans
le genre de celui du pacha de Damas, et me parut

fort grand. On nous conduisit aussitôt dans une
vaste chambre entourée de sophas en étoffes cramoi-
sies. On avait placé au milieu, sur une natte très
fine, une assez grande quantité de plats remplis de
riz bouilli, de moutons rôtis et de quelques poulets
farcis de dattes. Cette réception me fit prendre
courage. Pourtant un nègre affreux, qui se tint près
de moi pendant la durée du repas et semblait épier
tous mes mouvements, me donna quelque inquiétude... Vers la tombée de la nuit on vint nous chercher. J'avais déjà fait remettre au roi les présents
de mon frère, entre autres la jument qu'il lui envoyait, et qui fut aussitôt placée dans ses écuries,
à côté de ses belles cavales de race.

Un officier du palais, en robe rouge, le sabre
hors du fourreau, accompagné de plusieurs soldats
portant une lance à la main, m'introduisit seul dans
une salle d'audience aux murs blancs; tout autour
régnait un divan avec des coussins d'étoffes de soie à
fleurs mélangées. La terre était couverte de superbes
nattes; seulement le fond de la salle et les approches
du divan sur lequel roi se tenait assis, les jambes
croisées sous lui, à la manière des Turcs, se trouvaient ornés de beaux tapis sur lesquels j'ai remarqué
les dessins de plusieurs jolis oiseaux dont les couleurs
diversifiées flattaient agréablement les yeux; des
parfums brûlaient dans un vase élégant de porcelaine, et embaumaient la chambre.

Le roi me parut un homme d'environ cinquante
ans; son œil dur, son teint brun, sa barbe noire,

les muscles de son visage qui semblaient se contracter
avec impatience, donnaient à l'ensemble de sa physionomie un aspect plus repoussant qu'affable. Son
vêtement était simple et assez semblable au nôtre.
Il tenait à la main une espèce de petit bâton court et
mince que j'appris être la marque de son autorité. Je
lui adressai un compliment de la part de mon frère,
notre chef, et lui demandai comment il trouvait la
jument. Il sourit dédaigneusement et garda le silence.
Une demi-heure s'étant écoulée dans cette muette
conversation, je me levai; il ne s'opposa pas à mon
départ, et je trouvai mes compagnons à la porte qui
furent, ainsi que moi, conduits de nouveau jusqu'à
notre logement par l'officier nègre dont l'air glacial
n'annonçait rien de bon.

Curieux de m'instruire de ce qu'il en était, je lui
adressai la parole pour me plaindre de la réception
qu'on nous faisait après avoir accepté nos présents.
L'officier me répondit que son maître en voulait
beaucoup à mon frère, qui de plus en plus se décla-
rait son ennemi. J'essayai de convaincre le favori du
roi de la fausseté des rapports, d'abord par le fait
seul de ma présence, chargé, comme je l'étais, de
négocier une alliance qui ne pouvait être que réci-
proquement avantageuse. Les raisonnements que j'em-
ployai semblèrent faire quelque impression sur le
nègre. Je protestai de ma bonne foi et de celle de l'émir
dans des termes énergiques. Je restai trois jours en
proie à l'inquiétude, n'entendant pas plus parler du
prince que de ses ministres. Enfin je reçus l'invita-

tion de reparaître devant le Wahabi. Cette fois
l'officier nègre m'escorta, et sa figure si refrognée
ordinairement me sembla presque gracieuse.

Quand j'arrivai à la porte de la salle d'audience,
il me dit : Entre, frère ; et j'entrai.

Le roi trônait sur son sopha, au même lieu où
déjà je l'avais vu. Il me fit un signe presque amical
et m'engagea à prendre place près de lui, tandis que
ses ministres et ses courtisans, dans une attitude
respectueuse, l'entouraient debout et en silence.
Il prit la parole et me dit : Est-il vrai que ton frère
veuille être mon ami... et payer le tribut ? — A ce
mot de tribut, les muscles de son visage se contrac-
tèrent ; il reprit : S'il veut servir ma cause, c'est la
sienne, car Dieu est grand, et nous devons nous
unir contre les infidèles et les mauvais Musulmans.

Je répondis que mon frère ne demandait pas
mieux ; mais que, né libre, commandant à trente
tribus qui l'avaient choisi pour leur prince ou émir,
ayant à ses ordres une armée de cent mille cavaliers
qui couvraient les déserts de la Syrie et de la Méso-
potamie, il consentirait volontiers à devenir son ami,
mais non son tributaire ni son sectaire.

Le roi se tourna vers ses officiers en fronçant le
sourcil, et parut prêt à s'emporter... Cependant,
faisant un effort sur lui-même, il répliqua : — Hé
bien ! le Drahy sera mon lieutenant, et commandera
aux tribus qui entourent la mer Rouge et confinent
au Nil sur toute son étendue ; puis il m'enverra chaque anée, comme hommage d'un ami à son ami,

cinquante jeunes garçons qui seront élevés sous mes yeux, et dont j'aurai soin; il y joindra trente de ses plus belles cavales en échange d'autant d'étalons et d'autres cadeaux que je ferai conduire à son camp par mes esclaves...

J'allais répliquer; le roi commanda qu'on apportât trois *cafés* (1), et qu'on fît entrer les personnes qui formaient ma suite, ayant le titre de *cheiks*, pour les admettre à ce régal de confraternité.

Le soir, je fus invité à souper, avec quatre de nos parents, chez le premier ministre du Wahabi. L'officier nègre s'y trouvait. C'est là que, dans la conversation, j'appris comment leur roi avait dépouillé plusieurs caravanes qui se rendaient à la Mecque, et pillé la Mecque même, d'où il a enlevé des richesses immenses.

Je sus que la demeure du prophète et son tombeau ont été, pendant des siècles, comme ils le sont encore, l'objet de la vénération et des dons magnifiques des califes, des sultans des Turcs, et de plusieurs grands princes; que toutes les contrées où le nom de Mahomet est béni adressaient fréquemment, par des caravanes de pélerins, des présents d'une rare valeur qui avaient formé le trésor inestimable du Prophète; que tous les ans plusieurs souverains envoyaient à la Mecque des couronnes d'or, ornées

_____

(1) C'est la plus grande marque de déférence et d'amitié que l'on puisse donner parmi ces peuples.

de pierres brillantes les plus rares, afin d'être suspendues à la voûte de la mosquée qui renferme son
tombeau ; qu'un seul diamant bien plus précieux
encore, et gros comme trois dattes liées ensemble,
qui en faisait partie, a été également enlevé. Ce roi
des Wahabis, plus riche à présent que tous les rois
de l'Orient, ne dépense presque rien, et entasse
cependant chaque jour des richesses prodigieuses ;
car ayant défendu le luxe à ses sujets, sous peine
de mort, et, quand il fait la guerre, chaque tribu
qu'il oblige à combattre avec ses troupes étant obli-
gée de se nourrir et de pourvoir à ses dépenses, il
est impossible que jamais il puisse s'appauvrir.
Enfin, tout étant d'accord, je signai le traité que
j'ai apporté. — Le roi m'envoya deux belles cavales,
quatre ânons, trois chamelles, et nous partîmes
après l'avoir été saluer de nouveau. »

Ici finit le récit de l'ambassadeur arabe. Les
Bédouins venaient d'obtenir la paix. Leur chef était
reconnu comme lieutenant du Wahabi : que pou-
vaient-il désirer de plus ? Nous revînmes sur nos pas,
et rentrâmes en Syrie ; j'allai avec mon maître passer quelques jours à Damas ; nous y dépensâmes
l'argent que nous avions amassé dans nos courses
en nouvelles marchandises, puis nous dirigeâmes
nos pas vers l'Egypte. Ali espérait y faire de brillantes affaires, et moi recevoir des nouvelles de nos
camarades. Mon Turc, sans défiance, me laissait
entièrement libre. Je ne rêvais, depuis quelque
temps, qu'à nos frères d'armes, à ma chère patrie ;

du désert et des Bédouins, j'en avais assez comme
cela. — Par une belle nuit, je grimpai sur un grand
chameau que je savais être très agile ; après lui avoir
planté de chaque côté, dans ses paniers de voyage,
des provisions, quelques marchandises de l'Inde,
quelques centaines de sequins, je le lançai à travers
le désert. — Je voyageai ainsi pendant trois jours,
sans voir un chat, espérant tout de la Providence et
de ma bonne fortune, lorsque je rencontrai un
piquet de nos hussards qui battaient la campagne.
Ils allaient me charger, quand ils entendirent crier
miséricorde en français, et qu'ils virent mon chameau se mettre à genoux. A ces signes de soumis-
sion, les armes furent remises au repos. On m'approcha, je m'expliquai ; alors on me conduisit au
général Desaix qui commandait ; m'ayant pris sous
sa protection, il me présenta à notre illustre général en chef, qui, me voyant presque turc à mon
habillement, fit de moi un mameluck de sa garde ;
et me voilà....

DÉPART DE L'ÉGYPTE ET RENTRÉE EN FRANCE.

Tout le monde était enchanté de Victor et de ses
aventures. On l'embrassa à la ronde, on le félicita,
et même on le régala...

— A présent, parlons de moi. Je me guéris ;
mais, hélas ! que d'événements arrivèrent !

Notre chef partit ; Kléber fut assassiné ; et, au

lieu de conserver l'Egypte à la France, qui l'avait
achetée par tant de sacrifices et le sang de ses enfants,
nous fûmes obligés de l'abandonner après avoir capi-
tulé !... Capituler !... Pour un vieux soldat ce mot
est dur à prononcer !... Mais, revenons. Quand je
dis revenons, ce sera pour demain soir, si vous le
permettez ; car je ne suis plus en train après un
échec ; et Dieu sait quel échec !... Lorsqu'on parle
des faits d'armes de ses camarades, de batailles où
ils sont restés vainqueurs, le sujet plaît et entraîne,
voyez-vous ; on va toujours, ça fait plaisir... on ne
s'aperçoit guère que le temps passe ; au contraire,
après une défaite !... ça fait mal ; bien mal, mes
amis !

(Le Père La Pensée essuie une larme.)

Bonsoir, bonsoir, à demain, si j'y suis et vous
aussi, attendu que nous sommes tous mortels. Pourtant Dieu est grand, ainsi que le disait le bonhomme
Turc, ancien maître de mon ami Victor.

(Tout le monde se retire après cette allocution.)

NEUVIÈME VEILLÉE.

LE PREMIER CONSUL.

BONAPARTE, en quittant l'Egypte pour aller subir d'autres destinées et causer encore du remue-ménage en Europe, emmena avec lui plusieurs vrais Mame- lucks qu'il s'attacha, et dont il composa un petit escadron. Quelques soldats de ses guides endossèrent aussi le costume turc pour y servir. Victor, comme je crois l'avoir dit, y entra des premiers, et ce fut l'origine de sa fortune, qui grandit avec le temps et le conduisit aux dignités. Que ne peuvent le hasard

et le bonheur! Pour moi, presque toujours à l'hôpital ou chez mon quartier-maître, je n'eus pas l'heureuse chance de Victor. Je sortis de l'Egypte comme
j'y étais entré ; quand je dis comme j'y étais entré,
je me trompe : j'en rapportai deux bonnes blessures,
une maladie d'yeux qui ne m'a presque jamais quitté
et qui nuisit beaucoup à mon avancement, car rien
n'est plus incommode que des lunettes pour commander.

Je vous disais donc... quoi? je ne me le rappelle
déjà plus... Ah! m'y voici. Bonaparte, lui, pendant
qu'il nous laissait aux prises avec les Mameluks, les
crocodiles et les Bédouins, voire même aussi messieurs les Anglais, qui alors n'étaient point nos amis
comme aujourd'hui, débarquait en France, pour
faire place nette. Tous les camarades restés après lui
autour des pyramides le blâmaient d'abandonner
ainsi un beau royaume. Ce sera un nouveau Pharaon, disait-on ; il va ressusciter l'Egypte et s'asseoir
sur cet antique trône ; puis il nous conduira aux
Indes pour empoigner les trésors du Grand-Mogol,
dont les Anglais se sont emparés, et leur faire la ni-
que ; mais, point. Le petit caporal avait en tête mieux
que cela : à notre retour nous le trouvâmes souverain de notre belle France; et il n'existait là ni crocodiles ni ennemis que ceux qui l'entouraient. Moi,
je voulais me rendre au pays pour respirer l'air
natal.

Je ne vous ai pas dit qu'avec ces deux blessures je
rapportais en France quelques sequins d'or cachés

dans mon escarcelle... J'étais jeune alors. Les Égyptiens, ainsi appelait-on les soldats revenus du Caire, devaient payer leur bien-venue et des régalades aux camarades qui n'avaient point passé le détroit ; mes espèces s'en allèrent plus vite qu'elles n'étaient venues. Dès que je n'eus plus le sou, je ne songeai guère à m'aller faire voir dans mon village. J'aurais rougi d'y arriver à sec comme un *pacot*. J'avais de l'orgueil, voyez-vous, mes amis, ce qui va mal avec un gousset vide. Je préférai retourner, pour me rétablir, chez mon quartier-maître qui me donnait cinq francs de haute-paie par mois : c'était une fortune.

Durant l'absence de Bonaparte, nos armes avaient faibli de l'autre côté des Alpes. Le général Scherer, ministre de la guerre, et puis son remplaçant à l'armée d'Italie, avait gâté les affaires. On devait tenter un grand coup pour ramener nos succès et dégager Masséna, que les Autrichiens tenaient bloqué et affamé dans Gênes. Bonaparte, devenu premier consul, par suite de la révolution du 18 brumaire, qu'il provoqua à son retour d'Égypte, se mit à la tête du gouvernement, et rassembla de tous côtés des braves pour descendre dans la Lombardie.

Je n'eus point le bonheur de voir ces merveilles de mes yeux ; j'étais absent alors. Victor, qui suivit le premier consul, me conta tout cela quand je revins avec mon régiment à Paris, en 1801. — Victor ne manqua point d'assister à tous les bons coups donnés par nos braves. A son arrivée à Paris, il était devenu

6..

brigadier dans le corps des Mamelucks et l'ami de
Rustan. Comme lui, il fit partie de l'expédition et
assista au passage du Saint-Bernard et à la bataille
de Marengo. Quoique ce soit moi qui vais continuer
de parler, ce sera encore l'ex-tambour que vous en-
tendrez par ma bouche. Ce second récit ne nous
tiendra pas aussi longtemps que le premier, et vous
en jugerez à la prochaine veillée.

DIXIÈME VEILLÉE.

UN CHIEN DU MONT-SAINT-BERNARD.

MARENGO

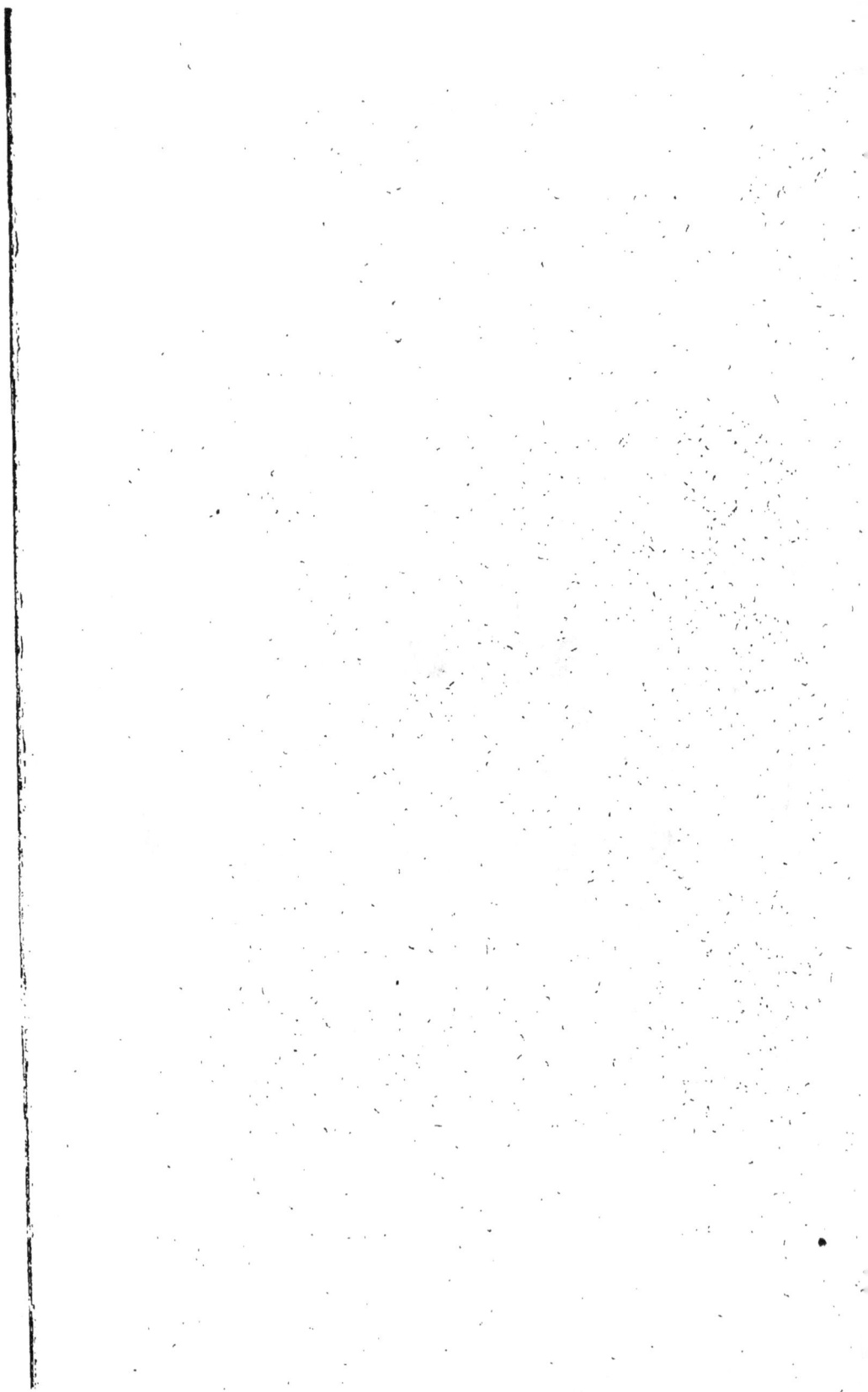

PASSAGE DU SAINT-BERNARD PAR L'ARMÉE FRANÇAISE.

Bataille de Marengo.

C'est mon jeune ami qui prend la parole ; écoutez-le , s'il vous plaît ; le voilà qui commence :

« Ce fut le 17 mai 1800 que l'avant-garde de notre armée, aux ordres du général Lannes, se mit en mouvement pour gravir le mont Saint-Bernard. Les troupes avaient éprouvé de grandes difficultés depuis Martigny jusqu'à Saint-Pierre. Le chemin était affreux, coupé en plusieurs endroits par des torrents ou des ponts formés d'arbres arrachés par la tempête. Les habitants s'enfuyaient à notre approche en exprimant leur étonnement de voir marcher des hommes où jusqu'alors les chamois seuls s'étaient montrés au chasseur intrépide. — De Saint-Pierre au Saint-Bernard, on ne trouve plus qu'un sentier étroit : un seul homme y peut passer. Ce sentier est bordé de rochers qui présentent des masses entassées les unes sur les autres; d'énormes glaçons, des monceaux de neige qui se perdent dans les airs ou roulent des montagnes, le bruit des torrents qui s'en précipitent, tout cela forme un tableau aussi effrayant que pittoresque qui pénètre de crainte et de respect celui qui le contemple un moment. Voici comment l'armée française entreprit cette marche audacieuse, que l'on a si justement comparée au passage des Alpes par Annibal.

» Une des plus grandes difficultés était de transporter l'artillerie au-delà de la redoutable montagne. Tout avait été prévu. On commença par démonter les canons, les caissons, les forges, etc., pièce par pièce. Les canons furent placés dans des arbres creusés en auge et traînés par cinq ou six cents hommes, selon le calibre du canon. On donnait, pour encourager les soldats à ce pénible travail, quatre et cinq cents francs par pièce avec son caisson. Les mulets portaient les munitions dans des coffres de sapin; les essieux et les caissons vides furent placés sur des traîneaux construits exprès à Auxonne; les roues montées à bras sur des perches.

» Un bataillon entier, dont la moitié portait les

armes et les sacs des travailleurs ; ainsi que des vivres pour cinq jours, était nécessaire pour le transport d'une seule pièce d'artillerie. D'après ce seul
fait, on peut se former une idée des difficultés d'une
telle entreprise.

» L'armée ne tarda pas à suivre l'avant-garde,
lorsque les bagages eurent rétrogradé sur Lausanne,
et que le premier consul lui-même n'eut conservé que
le plus strict nécessaire.

» On était obligé de marcher un à un, et ne pas
tenter de devancer ceux qui précédaient, sous peine
d'être englouti dans les précipices. Les soldats, pendant les haltes fréquentes auxquelles ils étaient contraints, trempaient leur biscuit dans la neige fondue,
et la nécessité leur faisait trouver ce rafraîchissement
délicieux.

» Cinq heures suffirent à peine pour monter
jusqu'à l'hospice placé au sommet du mont Saint-
Bernard (1). A l'arrivée on recevait une tasse de vin :
cette liqueur, quoique glacée, nous réchauffait beaucoup et rétablissait nos forces. Personne n'aurait
cédé sa tasse pour tout l'or du Mexique.

» Arrêtons-nous ici un instant pour concevoir une
idée de la demeure des religieux hospitaliers qui, par
un dévouement sublime, ont consacré leur existence

(1) Cet hospice fut fondé, dans le dixième siècle, par saint Bernard, qui était habitant de la Savoie. Cet hospice est à 7,540 pieds
d'élévation au-dessus du niveau de la mer. Il a rendu son nom cher à
tous les amis de l'humanité.   (Note de l'Auteur.)

au soulagement des voyageurs, et dont les vertus sont aussi dignes d'admiration que celles des guerriers qui se sacrifient pour servir leur prince et leur patrie. Il ne faut pas moins que le récit uniforme de tant de témoins oculaires pour persuader aux paisibles habitants de nos villes et de nos campagnes fortunées que des hommes aient pu embrasser volontairement un tel genre de vie.

» Le Saint-Bernard est, même au milieu de l'été, exposé à un froid excessif. On n'y voit ni arbres ni arbustes, et les oiseaux fuient ce séjour affreux où la nature n'offre que le plus effrayant aspect. Le voyageur, au milieu d'un lugubre silence, n'aperçoit que de la neige, des glaces, des rochers, des chaînes de montagnes et des nuages. C'est sur le sommet même du Saint-Bernard que les religieux de l'Ordre du saint dont la montagne a pris le nom habitent leur monastère, qui offre l'aspect d'une forte auberge : deux maisons plus petites en dépendent. C'est un rare bonheur pour ces bons religieux que d'avoir un été de trois mois, et alors trois heures de beau temps par jour.

» Il n'est personne qui ne connaisse la sagacité de leurs chiens, et, si l'on peut s'exprimer ainsi, le zèle véritable avec lequel ces animaux si précieux aident leurs maîtres à chercher, à découvrir, à ramener les voyageurs égarés. Ils approchent d'eux, les caressent, puis courent au couvent où l'on sait interpréter leur air triste et inquiet. On les suit après leur avoir suspendu au cou un panier plein d'aliments;

quelquefois, mais pas toujours, on parvient à soustraire à la mort de malheureux étrangers.

» Telle est l'esquisse très incomplète des lieux où le premier consul et son armée furent exposés à toutes les intempéries du climat et aux dangers sans cesse menaçants d'être engloutis dans les ravins, ou écrasés par les énormes blocs de neige à demi fondue que le soleil détache souvent des montagnes qui dominent sur les sentiers fréquentés par ceux qui montent ou descendent (1).

» Parvenus au monastère, les guerriers français avaient encore six lieues à parcourir, et la rapidité de la descente rendait le chemin très dangereux. Le premier consul n'y resta qu'une heure, et fit cette route à pied comme tous les soldats.

» Aoste, ville du Piémont, ne fit aucune résistance et fut occupée par l'armée française ; mais presque aussitôt il fallut combattre l'ennemi, qui essaya vainement de défendre un pont construit sur un précipice, puis se retira vers le fort de Bard. Ce rocher pouvait arrêter l'armée, lui faire consommer en peu de jours ses faibles ressources, et donner le temps au général autrichien Mélas de venir s'opposer à une entreprise dont l'audace ne lui avait pas permis de soupçonner la réalité.

On prit d'abord la ville basse ; mais un assaut donné au fort ne réussit pas, malgré la valeur des troupes.

(1) L'aspect de ce lieu a bien changé depuis le récit du jeune Mameluck. *(Note de l'Auteur.)*

On se détermina enfin à gravir un rocher sous le feu même du fort ; mais il fallait marcher un à un, et cette route offrait encore plus de difficultés que le passage du Saint-Bernard.

» Toutefois, à force de patience et d'intrépidité, on franchit ce redoutable passage, et l'on entra dans Yvrée, où l'armée put se remettre un moment de ses fatigues et se préparer à de nouvelles conquêtes.

» Le général Lannes, qui conduisait, comme je l'ai dit, l'avant-garde, eut plusieurs combats à soutenir ; néanmoins le courage de nos soldats ouvrait de plus en plus un chemin à l'armée dans les belles contrées de l'Italie. Suze, le fort de la Brunette et Verceil furent successivement occupés. Il fallut, sans moyens de construire un pont sur le Tésin, traverser ce fleuve en présence de l'ennemi : quelques barques d'abord nous servirent ; mais on aborda partiellement et on parvint à faire un pont de bateaux (1). Novarre une fois pris, l'armée se flatta d'être bientôt à Milan.

» Les ennemis s'étaient retirés dans la citadelle ; mais un tel voisinage et les dangers qui pouvaient en résulter n'empêchèrent point les habitants de cette ville, dont l'occupation était si importante, de recevoir le premier consul et l'armée française comme des libérateurs.

---

(1) Dans ce passage, le général Duroc, premier aide-de-camp du premier consul, tomba dans le Tésin, et eût péri sans le secours que lui portèrent des grenadiers.   (*Note de l'Auteur.*)

L'ARMÉE EN ITALIE.

» A Milan, on apprit que le général Mélas était à
Turin, quoique la plus grande partie de son armée se
trouvât encore devant Gênes, où se signalait par une
défense héroïque la garnison commandée par Masséna. Quatre mille Autrichiens, renfermés dans la
citadelle de Milan, ne pouvaient empêcher l'armée
française de marcher presque tout entière vers la
plus grande réunion des forces ennemies, et de fixer
par une bataille les destinées de l'Italie. Le général
Murat s'avança sur Plaisance, qu'il prit, et le premier consul adressa une proclamation à l'armée où,
en lui remettant sous les yeux ce qu'elle avait fait, il
lui indiquait ce qui lui restait encore à faire.

» Une forte division de l'armée du Rhin vint rejoindre celle d'Italie ; elle arrivait des environs d'Ulm
et avait franchi le mont Saint-Gothard, après avoir
traversé le pays des Grisons. Deux ponts volants
furent jetés sur le Pô, et, malgré leur résistance
opiniâtre, les Autrichiens se virent de nouveau contraints à reculer.

» Bientôt après, la bataille de Montebello devint,
par ses résultats, ainsi que par l'acharnement avec
lequel on combattit, comme le présage de celle de
Marengo. Les ennemis eurent quelque temps une
sorte d'avantage sur l'avant-garde française, beaucoup plus faible qu'eux ; mais la division Watrin dé-

cida la victoire, et six mille hommes prisonniers, avec cinq pièces de canon, tombèrent en notre pouvoir.

» Cependant, après la plus héroïque persistance, les défenseurs de Gênes venaient de signer une honorable capitulation. Le plus redoutable de tous les ennemis, la faim, les avait contraints à cette résolution qui leur laissait leur gloire, mais qui permettait aux Autrichiens de renforcer leur armée par les troupes jusqu'alors employées au siége de cette ville. Pourtant l'arrivée du général Desaix fut considérée par nous comme un événement du plus heureux augure. Nous étions loin de songer qu'il allait bientôt terminer son héroïque carrière au sein de la victoire.

» Dès qu'il se montra, le premier consul lui donna une nouvelle preuve de la haute estime qu'il lui portait en le nommant lieutenant-général.

» Nous bloquions Tortone lorsqu'on apprit que les Autrichiens, libres des soins qu'exigeait le blocus de Gênes, avaient déjà leur quartier-général dans Alexandrie. On se prépara en conséquence à une bataille, et l'avant-garde prit poste au petit hameau de San-Juliano, à l'entrée de cette plaine de Marengo destinée à devenir si fameuse dans les annales militaires des nations modernes.

» Quand Bonaparte eut fait ses dispositions, la bataille devint inévitable entre nous et l'armée ennemie, qui ne pouvait plus, à moins d'une victoire, communiquer avec les pays d'où elle était venue fondre sur l'Italie.

BATAILLE DE MARENGO.

» Le 25 prairial an 8 (14 juin 1800), la plus
grande partie de la matinée fut employée par les
Autrichiens à reconnaître les endroits faibles de l'armée française ; mais, vers onze heures, le premier
consul, averti qu'ils étaient en force et faisaient des
progrès, se porta sur le champ de bataille. Le point
principal de l'attaque était le bourg de San-Stephano ;
les ennemis, en s'y établissant, espéraient couper
la retraite aux Français. On se battait aussi avec
acharnement au pont jeté sur la petite rivière de la
Bormida.

» Nos adversaires gagnaient toujours du terrain ;
la garde consulaire prit part au combat. Les grenadiers à pied arrivèrent au moment où le général
Murat venait de marcher à la tête d'un corps de
cavalerie ; et là, au nombre seulement de cinq
cents hommes, sans artillerie, ils bravèrent tous
les efforts d'une armée que la fortune avait jusqu'alors
favorisée.

» Cependant nous étions forcés de plier sur presque
tous les points. Trente pièces de canon bien servies
nous foudroyaient près du village de Marengo, et,
à quatre heures après midi, la victoire semblait s'ê-
tre tout-à-fait déclarée pour nos ennemis. Dans ce
moment affreux où les morts et les mourants s'amon-
celaient autour de nous, le consul bravait la mort,

au milieu des boulets qui soulevaient la terre dans les
jambes de son cheval; pressé par les combattants qui
tombaient près de lui à chaque moment, il donnait
des ordres avec son sang-froid ordinaire et voyait
approcher l'orage sans paraître le craindre. Les
troupes, animées par cet exemple, sentant combien
la position était critique, défendaient avec fureur le
défilé dont la perte eût entraîné celle de la bataille,
et causé la plus terrible déroute.

» Enfin à ces moments cruels en succédèrent de
plus heureux. Les divisions Monnier et Desaix arrivèrent en hâte, et, après une marche de dix lieues,
ne songèrent qu'à venger leurs compagnons d'armes et à enlever la victoire aux Autrichiens. Ces renforts portèrent dans tous les cœurs la joie et l'espoir.
Le général Mélas, désespérant de son côté de forcer
le centre de l'armée française, dégarnit le sien pour
étendre ses ailes; cette faute fut remarquée aussitôt
et mise à profit par le premier consul.

» Entouré de son état-major, il parcourut les
rangs et disposa tout pour un effort décisif; les corps
se formaient en bataille sous le feu de l'artillerie ennemie. Après une heure passée dans une situation
aussi critique, le pas de charge met en mouvement
toutes les troupes à la fois. On franchit le terrible
défilé, en culbutant partout les Autrichiens qui s'y
trouvaient, et l'on se déploie dans la plaine. La cavalerie des ennemis fait une charge; elle est repous-
sée. Celle des Français supplée à son petit nombre
par son audace. La division Desaix surtout se

signale par son impétuosité. Elle franchit tous les obstacles que le terrain lui oppose, tandis que le général Victor, à la gauche, s'empare de Marengo, et que le général Murat s'avance dans la plaine avec le centre et la cavalerie. Desaix coupe l'aile gauche des ennemis en effectuant avec rapidité un mouvement oblique : dans ce moment le général Kellermann fils, à la tête de huit cents chevaux, fait mettre bas les armes à 6,000 grenadiers hongrois, et le général Zach, chef de l'état-major autrichien, est pris par un cavalier du 2ᵉ régiment, nommé Riche. Ce fut dans ce moment même que Desaix reçut le coup mortel.

» L'armée ennemie se trouve alors dans le plus affreux désordre, que le général Murat et le chef de brigade Bessières augmentent encore par de savantes manœuvres et des charges faites à propos... La nuit sauva les débris de l'armée vaincue ; mais le lendemain on amena encore au quartier-général un grand nombre de prisonniers. Ce jour-là un officier autrichien y vint en parlementaire, et un aide-de-camp français partit pour Alexandrie ; enfin le jour suivant on proclama l'armistice, dont les conditions, toutes glorieuses pour la France, annonçaient l'abattement et les pertes énormes des ennemis.

» Les principales de ces conditions furent que les châteaux encore bloqués par les Français leur seraient remis aussi bien que Ceva, Savone, le fort Urbin, la ville de Gênes, occupée depuis si peu de temps par les Autrichiens, etc. L'armée ennemie

défila le lendemain et les jours suivants sur le champ de
bataille pour se rendre à Mantoue, par Plaisance,
sur trois colonnes.

» Ce qui rendit plus glorieuse encore une victoire
si longtemps disputée, ce fut que les Français étaient
inférieurs en nombre à leurs ennemis sous tous les
rapports. Ils ne comptaient pas 45,000 hommes,
dont 3,000 de cavalerie, et moins de trente pièces
de canon ; les Autrichiens, y compris les renforts
qui leur étaient venus de Gênes, avaient près de
60,000 hommes, dont plus du quart en excellente
cavalerie, et au moins 80 pièces de canon. Elle
possédait de plus deux cents caissons bien fournis,
et des munitions en abondance ; tandis que nous
avions été obligés de mettre sur des charrettes,
faute de caissons, nos munitions qui s'épuisèrent
bientôt.

» La perte des vainqueurs ne pouvait manquer
d'être considérable ; mais elle le fut beaucoup moins
que celle des vaincus, qui, outre leurs morts, pér
dirent 10,000 hommes faits prisonniers, quinze
drapeaux, et la moitié de leur formidable artillerie. »

— Pour ce soir nous nous arrêterons ici : demain
je vous donnerai encore du nouveau.

ONZIÈME VEILLÉE.

LE CAMP DE BOULOGNE.

Le père La Pensée parut à cette veillée, comme à son ordinaire, avec un visage riant et ouvert.

Çà, mes enfants, dit-il à ses auditeurs, je vous ai promis aujourd'hui du nouveau et je tiendrai ma parole, si toutefois cela vous amuse... Je vois que vos yeux disent *oui*, et je vais commencer.

« Vous saurez que, après la bataille de Marengo, qui valut d'abord la paix à la France, ensuite la guerre, puis des victoires très glorieuses pour nos armes, je me trouvai souvent dans des situations bien critiques ou bien heureuses : *critiques,* quand je fus fait prisonnier par les Anglais et enseveli vivant dans un de leurs pontons les plus affreux ; *heureuses,* lorsque j'eus le bonheur de sauver quelques victimes de la guerre et d'embrasser pour la dernière fois ma vieille et bonne mère.

Je fis partie du camp de Boulogne, et je vis les préparatifs immenses commandés par le premier consul pour une descente en Angleterre qui n'eut jamais lieu, mais que, moi, je devais faire d'une manière assez singulière.

Bonaparte venait d'être fait empereur. L'armée et les citoyens, par plus de trois millions de suffrages, l'avaient déclaré chef suprême de la nation, sous le nom de Napoléon Ier. — Ce fut le 19 mai 1804 qu'eut lieu ce grand événement. L'empereur vint à Boulogne, où il resta un mois. Cette ville sortit tout-à-coup de l'état de repos dans lequel elle était tombée depuis longtemps. Napoléon en fit le rendez-vous central de son armée d'expédition contre l'Angleterre. La guerre, dont Boulogne devenait le théâtre, et le séjour de la grande armée, lui donna une nouvelle impulsion : tout éprouva dans cette ville un changement aussi rapide que favorable ; on vit sur es traits de chaque habitant l'empreinte du vif ntérêt qu'il prenait aux événements qui se préparaient contre une puissance redoutable. L'aisance et la prospérité se répandirent bientôt dans toutes les classes de la société boulonaise. Napoléon rassembla

dans la ville et les environs la plus belle et la plus
vaillante armée de l'Europe : elle se composait de
vieux guerriers, tous couverts de lauriers qu'ils
avaient cueillis sur les champs de bataille ; l'effectif
de notre armée montait à 172,231 hommes d'infanterie, et 9,302 de cavalerie ; la flottille consistait
en 2,483 bâtiments, montés par 16,783 marins.
Le matériel était immense, et les magasins qu'on
avait formés furent abondamment pourvus de tout ce
qui est nécessaire à une armée en campagne. Enfin
les préparatifs parurent formidables à tous ceux qui
les virent. On éleva des forts (1) en différents endroits, près de la mer, et la côte se couvrit de
canons et de mortiers : ils présentaient un front si
redoutable que les ennemis l'avaient surnommé la
côte de fer : on entreprit dans le port des travaux
considérables, sous les yeux mêmes de *Napoléon,*
qui semblait se multiplier, et dont l'inconcevable
activité ne laissait de repos à personne : sa présence
seule suffisait pour répandre de tous côtés l'enthousiasme et la vie.

Les deux camps les plus importants se placèrent
sur les hauteurs, à droite et à gauche du port, et
furent désignés sous le nom de *camp de droite* et de
camp de gauche.

Le premier s'étendait depuis la Tour d'ordre
jusqu'à Wimille, et le second depuis Outreau jus-

---

(1) A l'extrémité de l'ancien chenal se trouvait le fort en bois connu
sous le nom de *Fort l'expédition.* Il fut détruit en 1814, après la paix.

qu'au Portel. D'autres furent ensuite établis à Ter-
lincthum, à Wimereux, à Ambleteuse, à Ostrohove,
et autour des remparts de la ville. Les baraques,
construites avec ordre et beaucoup de goût, présentaient sur plusieurs lignes un front de plus d'une
lieue d'étendue ; les soldats se faisaient un plaisir
d'embellir leurs demeures : c'était à qui ferait le
mieux. Des jardins charmants furent créés comme
par enchantement ; des colonnes, des statues, des
obélisques faits d'argile et de coquillages, offraient
aux regards le coup d'œil le plus agréable. Enfin les
habitations des officiers rivalisaient pour l'élégance
avec les plus jolies maisons de campagne. La baraque
de Napoléon (1) était placée près de la Tour d'ordre ;
elle avait 120 pieds de longueur sur 22 de largeur.
Il pouvait de cet endroit découvrir les camps, la
ville, le port et la mer. J'ai vu le lit dans lequel
couchait notre empereur à Boulogne : il était en fer
poli : c'est le même sur lequel il est mort à Sainte-
Hélène.

Plusieurs des ministres qui accompagnèrent Napoléon de Paris à Boulogne, le général en chef,
l'amiral de la flottille et son état-major, avaient aussi
leurs baraques près de la sienne. Ce camp offrait le
tableau le plus pittoresque et le plus extraordinaire.

(1) L'emplacement sur lequel s'élevait cette baraque est parfaitement conservé ; il est facile de le distinguer. Cette baraque se trouvait
presque en face de l'établissement actuel de M. Mancel.

On y avait formé des rues, des carrefours, des
places publiques. Une haute colonne en *gazon* (1),
un *temple*, une *salle de spectacle* où nous représen-
tions des pièces de circonstance, et où nos militaires
venaient se délasser des revues, des exercices, des

(1) Cette colonne fut construite ensuite d'une manière plus solide,
et offerte par la grande armée à Napoléon. — Je laisserai parler
M. Brunet sur ce monument que tous les voyageurs vont visiter.

« A quelques centaines de pas de la grande route s'élève la colonne
érigée par la grande armée. Ce monument fut offert à l'empereur par
les troupes campées à Boulogne, comme un témoignage de leur
admiration pour celui qui les avait si souvent conduites à la victoire,
et pour retracer à la postérité le souvenir de la distribution des croix
de la Légion-d'Honneur.

» M. Labarre, architecte distingué, fut choisi par le gouvernement
pour ériger ce monument. Les fondations, faites des rochers tirés des
falaises et de la côte, furent assises dans le roc, et toute la colonne est
construite en marbre extrait des carrières de Marquise.

» Le maréchal Soult, accompagné de l'amiral Bruix et de tous les
généraux, posa, en présence de l'armée, la première pierre, sur
laquelle on grava cette inscription :

PREMIÈRE PIERRE
DU MONUMENT DÉCERNÉ
PAR L'ARMÉE EXPÉDITIONNAIRE DE BOULOGNE
ET LA FLOTTILLE
A L'EMPEREUR NAPOLÉON,
POSÉE PAR LE MARÉCHAL SOULT
COMMANDANT EN CHEF.
18 BRUMAIRE AN XII (9 NOVEMBRE 1804).

» Cette colonne, d'ordre dorique, composée et surmontée d'un
acrotère, est de 150 pieds de hauteur et en a 12 de diamètre ; le
piédestal est entouré de gradins et élevé sur une plate-forme carrée.

« Deux socles, sur lesquels sont couchés des lions en bronze,

parades, en jouant des rôles souvent intéressants et
comiques. Notre public se composait de toute la
ville, dont les habitants mêlés avec les militaires
semblaient ne former qu'une seule famille. Je me
rappelle encore aujourd'hui avec plaisir que, dans
les pièces où je jouais, je remplissais toujours
l'emploi des *pères nobles* et souvent des *pères*

forment l'entrée de l'enceinte. Des bas-reliefs représentant des trophées
militaires devaient orner le piédestal, et l'on avait arrêté que la statue
de Napoléon serait placée au sommet.

» Ce monument, dont les travaux furent abandonnés au départ de
l'armée, se termina sous le règne de Louis XVIII, pour consacrer le
souvenir de son retour en France.

» Le 3 juillet 1821, M. le baron Siméon, alors préfet du département du Pas-de-Calais, déposa, dans une des dernières pierres du
noyau de l'escalier, une boîte en plomb contenant diverses pièces d'argent et une médaille en bronze représentant d'un côté l'effigie du roi
de France, et de l'autre une inscription qui porte que cette colonne,
votée par l'armée réunie à Boulogne, et terminée sous les auspices de
Sa Majesté Louis XVIII, est devenue un monument de paix. Ainsi, à
la base et au sommet se trouvent deux *memento* qui forment un
contraste frappant.

» L'acrotère est surmonté d'une boule dorée sur laquelle est la
statue de Napoléon. Un escalier tournant sur noyau plein, et ménagé
dans l'intérieur, établit une communication facile avec la plate-forme
au-dessus du tailloir, sur le pourtour duquel règne une rampe d'appui
en fer. De cette élévation on jouit d'une vue immense et magnifique;
on distingue parfaitement les côtes d'Angleterre, le château de Dou-
vres, le mont Cassel dans le département du Nord, et tout le pays à
une grande distance.

» On peut monter au sommet de la colonne en payant un demi-
franc. Le gardien vend plusieurs jolis articles faits du même marbre
que celui de la colonne. »

NAPOLÉON VISITANT LE TOMBEAU DE FRÉDÉRIC-LE-GRAND

dindons, malgré mon surnom de *La Pensée* que l'on
s'obstinait à me conserver. — Des hauteurs du
camp, la vue plongeait sur le port de Boulogne
et sur la mer, dont on embrassait l'étendue. Notre
flottille était, d'un côté, dans un bassin creusé
exprès et hors de l'atteinte des boulets ennemis et
des accidents de mer; de l'autre, la ville basse et les
quais lui servaient de cordon. La ville haute, en
forme d'amphithéâtre, complétait cet ensemble qu'a-
nimait une population nombreuse toujours en mouvement.

Le projet d'invasion avait excité en Angleterre les
plus grandes alarmes, et l'on avait pris toutes les
mesures nécessaires pour s'y opposer. Dès le 9 du
mois d'août 1801, lord Nelson vint jeter l'ancre à
quelques milles du port, et commença à bombarder
la ville le jour suivant de grand matin. La flotte
anglaise, outre les boulets, lança plus de 900 bombes, qui cependant ne causèrent que très peu de
dommage. Elle tenta plusieurs fois de s'approcher;
mais l'artillerie de la flottille et les batteries de la
côte l'obligèrent à reculer. Pourtant les Anglais, de
plus en plus soucieux de notre attitude menaçante,
et de la grande quantité de bâtiments de toutes gran-
deurs que nous avions réunis sur les côtes de la
Manche, et principalement à Boulogne, d'où l'armée
navale devait partir pour effectuer sa descente en
Angleterre, crurent devoir user de tous les moyens
que l'art, l'adresse et l'habileté de leurs hommes
d'État, de leurs ingénieurs et de leurs marins

7.

purent mettre en usage pour détruire notre flottille. —
Les machines infernales, les brûlots, les fusées
incendiaires furent employés contre nous : les Anglais épiaient jusqu'au moindre bâtiment isolé, soit
qu'il allât en reconnaissance, à la pêche, ou en
partie de plaisir, pour le capturer. — Enfin on mit
en usage toutes les ressources d'un art infernal pour
nous détruire.

TENTATIVES DES ANGLAIS CONTRE LA FLOTTE FRANÇAISE A BOULOGNE.

L'amiral Keith, qui commandait la généralité des
forces ennemies réunies contre nous, ne pouvant
pas nous vaincre par les moyens ordinaires, et après
un engagement où nous étions sortis victorieux
malgré le déploiement de ses forces, voulut faire
un dernier effort en usant de ruse et mettant en
usage contre nous toutes ses machines incendiaires.
Cette tentative eut lieu dans la nuit du 1er au 2 octobre 1804.

Les machines infernales des Anglais étaient de
de trois espèces. La première se composait de bâtiments, cutters ou bricks, ne différant des brûlots
ordinaires qu'en ce qu'aucune trace d'embrasement
ne s'y laissait voir avant l'explosion, ce qui les
rendait plus terribles en les faisant paraître plus
tard, et en donnant lieu de les prendre pour des
bâtiments de guerre. Cette erreur pouvait exciter à

s'en emparer à l'abordage, et devenir fatale aux
Français qui se porteraient à cet acte de bravoure :
c'est ainsi que périrent les courageux militaires et
marins qui montaient la péniche n° 267.

La seconde espèce de machines infernales consistait en coffres de bois doublés en cuivre, longs et
plats, terminés en pointe à leurs deux extrémités ;
chacun des coffres contenait environ cinq milliers de
poudre à canon, et par-dessus plusieurs rangs de
pelotes d'artifice (1).

Enfin la troisième espèce comportait des barriques
remplies de poudre et d'artifice ; et quelques boulets
enfermés dans une toile clouée sur les douves, du
côté opposé à la bonde, devaient les empêcher de
rouler par l'effet des lames et les maintenir à flot
dans une même position.

Il paraît que le feu était communiqué aux machines
de la première espèce par les mêmes procédés qu'aux
brûlots ordinaires. Le moyen employé pour les deux
autres espèces de machines différait entièrement.

(1) Ces pelotes, assemblées deux à deux par un bout de corde ou
une chaîne, avaient la forme et la grosseur d'un melon ; elles étaient
composées de fil de caret ou bitard, fortement goudronné, entourant
une boule d'artifice, au milieu de laquelle se croisaient deux fusées de
bombes bien chargées. Elevées en l'air et dispersées de tous côtés,
par l'explosion de la poudre sur laquelle on les avait posées, ces pelotes devaient retomber à bord des bâtiments français, et la chaîne ou le
bout de corde qui les unissait deux à deux devait fournir le moyen de
s'accrocher à quelque partie du gréement et y porter l'incendie. Ces
pelotes ne produisirent aucun effet.

Une boîte plate en cuivre, hermétiquement fermée
par la pression d'une vingtaine de vis sur une bande
de cuir huilé placée entre ses bords et la plaque qui
la recouvrait, était appliquée à la machine à l'aide
d'une douille à vis chargée d'artifice comme la fusée
d'une bombe. Cette boîte renfermait un mouvement
d'horlogerie et une batterie de fusil dont le bassinet
communiquait avec la douille ; le ressort qui tenait
le chien armé portait sur l'épaisseur d'une roue
pleine aux sept huitièmes ; une entaille occupait
le huitième restant, et cette roue, en tournant,
maintenait le ressort comprimé jusqu'à l'instant où
son extrémité rencontrait l'entaille ; le chien s'abat-
tait alors, et le feu se communiquait du bassinet à la
douille et de celle-ci à la poudre du coffre ou de
la barrique. La précision de ce moyen, l'art et le soin
avec lesquels les mouvements d'horlogerie étaient exé-
cutés, fournirent une preuve évidente de l'importance
que les Anglais attachaient à détruire notre flottille.

Les moyens qu'ils mettaient en usage pour conduire et diriger ces diverses espèces de machines
diffèrent également.

Les machines de la première espèce furent amenées
à la voile et accompagnées par des canots qui les aban-
donnaient à l'instant où notre ligne *d'embossage* (1)
commençait à tirer dessus. On dirigea autrement

(1) *Embosser* veut dire placer un vaisseau dans une position telle
qu'il puisse présenter le côté avec une assurance de défense ou d'attaque. — On *embosse* un vaisseau, ou plusieurs vaisseaux et bâtiments,
en les fixant fortement par des ancres ou par des chaînes.

les coffres et les barriques. Après avoir monté leurs
mouvements pour l'espace de temps présumé devoir
s'écouler jusqu'à l'instant où ils se trouveraient entre
les bâtiments français, ils en laissèrent aller une
certaine quantité en dérive d'un point où la marée
devait les porter directement sur la ligne d'embossage. Ils essayèrent de conduire le reste au milieu de
la flottille ; mais, reconnaissant l'impossibilité d'y
parvenir de vive force ou de tromper notre vigilance,
ils imaginèrent un moyen à la faveur duquel ils
comptaient pouvoir arriver jusque dans la ligne,
par une nuit obscure, sans être aperçus. Ils fabriquè-
rent quantité de machines qu'il est difficile de décrire
sans le secours du dessin, mais dont néanmoins je
vais essayer de donner une idée.

Deux coffres de dix-sept pieds de long et de moins
d'un pied de large, construits en bois mince et léger,
et remplis de liége pour les rendre insubmersibles,
plats en dessus, façonnés en dessous et à leur extrémité, ayant la forme d'une pirogue de sauvage,
constituaient la partie principale de chaque machine.
Ces coffres étaient joints par quelques traverses qui
les tenaient écartés l'un de l'autre d'environ deux
pieds et demi. Une planche placée longitudinalement,
au milieu de l'espace intermédiaire, sur deux plates-
bandes de fer ou de cuivre transversales ou double-
ment coudées de chaque côté, fournissait, à environ
un pied au-dessous de la partie supérieure des
coffres, un siége pour deux hommes, qui, s'y
asseyant à califourchon, se trouvaient dans l'eau

à peu près jusqu'à la ceinture, et manœuvraient chacun deux petites rames. Pour obvier au bruit qu'elles font ordinairement, on les passa dans un collier de cuivre porté sur un pivot et une double charnière bien huilée, qui leur permettaient de se mouvoir dans tous les sens avec facilité sans le moindre bruit. Ces machines, inventées pour remorquer les brûlots de la deuxième espèce, avaient à leurs extrémités un caillebotis ou grillage sur lequel on pouvait placer des bricks incendiaires, des caisses d'artifice ou d'autres objets.

Les Anglais ajoutèrent aux barriques dont nous avons parlé un cordage et un grappin, soutenus sur l'eau par quelques flottes de liége; le grappin devait accrocher le câble d'un des bâtimens français; et, au moyen du courant, la barrique se fixer le long du bord, y éclater par l'effet de son mouvement d'horlogerie. Les Anglais substituèrent ensuite à ce mouvement une espèce de moulinet contre un corps quelconque; les tubes de verre enfermant les mèches phosphoriques devaient se briser et le feu se communiquer à la poudre. Nos ennemis placèrent quelquefois quantité de ces mèches parmi diverses sortes d'artifices, sur de la paille, des fagots préparés et d'autres matières inflammables; ils laissaient aller le tout en dérive, espérant que la moindre pression briserait les tubes et mettrait le feu à l'artifice, puis au bâtiment contre lequel la marée les aurait poussés. Les *globes de compression* eurent leur tour. Ces globes sphériques, d'environ sept à huit pieds de

diamètre, étaient chargés comme des brûlots, et
lestés de manière à conserver dans l'eau une position
qui bornât leur mouvement à celui de rotation
autour de l'axe vertical. Sur le grand cercle, qui,
dans cette position, représentait l'équateur de la
sphère, et qui se trouvait toujours horizontal, plusieurs points offraient un bout de cheville en cuivre
saillant de quelques lignes, et qu'il suffisait de
presser pour qu'il agît comme détente. Il paraissait
impossible que, en heurtant un navire et continuant
le long du bord son mouvement de rotation, ce
globe n'entrât pas en contact par un des points où se
trouvaient les bouts de cheville agissant comme détente, et n'éclatât point sur-le-champ (1).

Tous ces moyens de destruction nous firent peu
de mal, grâce à la sage prévoyance de l'amiral de la
flotte, Bruix, très bien secondé des marins sous ses
ordres.

Une position forte, admirable et pittoresque, une
activité soutenue, et la plus belle et la plus vaillante
armée qui fut jamais, attiraient de nombreux visi-
teurs au camp de Boulogne : les fêtes, les revues sur
terre et sur mer se succédèrent pendant le mois entier qu'y passa Napoléon.

Quoique le service du militaire fût assez actif,
cependant, comme je vous l'ai déjà dit, nous trouvions encore du loisir pour prendre quelques récréations. Après la comédie, que j'aimais, ce que

(1) *Victoires et Conquêtes*, etc.

j'affectionnais le plus c'était la pêche ; et mon capitaine, ami d'un lieutenant de vaisseau avec lequel il allait souvent se régaler à bord de poissons frais, me permettait de monter un grand canot avec plusieurs des marins de son ami, afin d'aller lui chercher les turbots ou les soles que nous pouvions trouver assez près des côtes. Un jour, jour fatal ! nous sortîmes de grand matin. Il faisait sombre, observant de ne pas nous éloigner de la flotte et des bâtiments de garde qui couraient des bordées (1). Nous voici en mer, au nombre de six dans le canot : deux militaires, un de mes camarades et moi, et quatre matelots. J'aide à la rame tandis qu'on lance les filets... le poisson donnait, nous avancions... l'horizon tout humide formait de longs sillons tremblotants et commençait à se dorer des feux du jour naissant... Emportés par l'ardeur qui anime ordinairement le chasseur aussi bien que le pêcheur heureux, nous avancions toujours, entraînés par le plaisir et notre chance...

Tout-à-coup un de nos marins me dit à voix basse : — Qu'est-ce donc que j'aperçois là-bas... à quelques centaines de toises de nous?... — Une de nos péniches de garde, probablement, lui répondis-je. — Jolie péniche de garde, répliqua le marin, qui met sur nous toutes ses voiles dehors!... Et en même temps il s'écria : — Vire de bord ! Antoine ! Pierre !

(1) C'est le nom d'une course plus ou moins longue dirigée au plus près du vent. Dans ce sens on dit *faire* ou *courir une bordée.*

NAPOLÉON PARDONNE, à Schœnbrunn.

force de rames! voilà l'ennemi!... Et nous n'avions
pour toutes armes que mon briquet et une gaffe (1) !

En partant nous étions si assurés, vu toutes les
dispositions prises par nos marins, que nous pouvions
nous promener dans la rade avec une parfaite sécu-
rité, que nous restâmes pétrifiés à la vue des Anglais... Si encore nous eussions eu une arme à feu
pour annoncer notre détresse! mais point; sans défiance et sans défense, nous prenions le plaisir de la
pêche comme des bourgeois de Paris qui auraient
été attraper des goujons autour de l'île des
Cygnes (2).

C'était un sloop (3) anglais qui portait sur nous
et allait couper notre retraite... En un instant il
aborda, et dix vigoureux gaillards nous couchèrent
en joue de leur bord, en ordonnant d'y monter, si
nous ne voulions aller servir de déjeuner aux re-
quins... — Que faire?... Elle était belle notre
pêche! — Nous fûmes pris comme des sots; en
moins d'un instant le sloop eut rejoint une frégate
qui se trouvait en avant de la flotte anglaise, laquelle
nous tenait en échec tandis que la frégate observait
tous nos mouvements. Celui qui commandait le bâtiment capteur nous fit grimper sur le vaisseau de son
supérieur et nous présenta à lui avec notre poisson,

(1) Instrument de fer qui a deux branches dont l'une est crochue et
l'autre droite et pointue, avec une douille emmanchée d'un long bâton.

(2) Petite île dans la Seine, en face de Passy.

(3) Petit bâtiment de guerre n'ayant qu'un mât et une seule voile.

ce qui prêta beaucoup à rire à l'Anglais, lequel nous demanda, en très bon français, qui d'entre nous voudrait bien en faire une matelotte pour son déjeuner... Tous mes camarades s'indignèrent de cette mauvaise plaisanterie à laquelle nous ne répondîmes que par des imprécations qui valurent sur-le-champ à chacun de nous des fers aux pieds, aux mains et un logement à fond de cale! J'eus le loisir d'y mûrir mes réflexions et de maudire le sort et mon envie de pêcher. Mais il n'était plus temps; il fallait se résigner et manger le pain noir et les mauvais harengs saurs qu'on nous apportait une fois le jour avec quelques pommes de terre.

Nous restâmes ainsi, mes compagnons et moi, trois semaines environ, à ronger notre frein; une belle nuit on vint nous chercher pour nous accoupler à une trentaine d'autres infortunés marins et soldats faits prisonniers, afin d'être conduits ensemble en Angleterre. Nous passâmes sur un autre bord : c'était un petit bâtiment qui aussitôt cargua ses voiles et se mit en route pour Portsmouth, où il arriva le lendemain. On ne nous donna pas le temps de voir la ville : nous ne sentîmes que le goudron du port. A peine entrés, on nous fit descendre sur un bâtiment qui nous conduisit à un gros vaisseau sans mâts et sans voiles, tout rasé, qu'on appelait *ponton*.

LES PONTONS ANGLAIS.

On sonna la cloche lorsque nous parûmes. Je ne savais ce que cela voulait dire. Je l'appris depuis : c'était pour annoncer l'arrivée des nouveaux prison-niers. L'aspect de cette grande carcasse enfoncée dans l'eau bourbeuse me fit frémir. — C'est donc là, me dis-je, que je vais être enterré tout vivant! — Ce ponton, vieux vaisseau de guerre percé pour 80 canons, servait de prison à 900 Français de toutes armes et de tous grades, qui s'y trouvaient entassés. Qu'on se figure le supplice de tant de mal-heureux renfermés nuit et jour, des années entières, dans une partie des entreponts d'un vaisseau, où chacun n'a pour se mouvoir et se coucher qu'un espace de cinq ou six pieds de long sur moins de deux de large! où il ne peut respirer qu'une quantité d'air dix fois moins considérable que celle que le par-lement britannique avait reconnu être indispensable à la santé d'apprentis employés dans des ateliers toujours propres et frais, et dont ils sortaient trois fois par jour pour respirer et se mouvoir en pleine liberté! où cet air est infecté non-seulement par les émanations de tant d'hommes réunis, mais encore par les exhalaisons méphitiques de certains lieux ; et où enfin le prisonnier n'a pour soutenir sa misérable vie que des aliments insuffisants et grossiers!... Qu'on ajoute à ce triste tableau les souffrances morales,

par le défaut absolu de relations au-dehors; les
vexations de détail auxquelles on est en butte à chaque instant du jour par la tyrannie des agents subal-
ternes, qui se font un jeu barbare de vous tourmenter
et d'aggraver encore les rigueurs ordonnées par leurs
maîtres, et l'on aura une idée de la cruelle situation
des prisonniers de guerre français à bord des pontons
anglais.

LE MARÉCHAL DE CAMP PILET.

Un de nos camarades d'infortune, le maréchal de
camp Pilet, qui a été prisonnier à bord des pontons
anglais pendant dix ans, a bien autrement vu que moi
encore les souffrances de nos malheureux compatriotes. Ce brave officier a publié un ouvrage sur l'Angleterre et sur les maux inouïs qu'y ont soufferts les
militaires français de tous grades tandis qu'ils étaient
détenus dans ces prisons flottantes; j'ai lu ou plutôt j'ai dévoré son livre quand il a paru, quoiqu'il
ait renouvelé mes douleurs. Ce que M. Pilet dit de
nos souffrances est resté gravé dans ma mémoire.
Le souvenir, tout pénible qu'il en soit, arrive à
point; écoutez M. Pilet, c'est lui qui va parler :

« Les pontons ou vieux vaisseaux servant de prisons de guerre, dit M. Pilet, sont généralement des
vaisseaux de soixante-quatorze. Les prisonniers occupent la batterie basse et le faux pont, dont on
a retranché, à chaque extrémité, environ un quart

d'étendue; la portion de la garnison qui n'est pas de
service y couche avec les armes chargées; et la
cloison qui les sépare est mailletée ou renforcée de
grosses têtes de clous placés sans intervalle. De distance en distance l'on a ouvert des meurtrières par
lesquelles peuvent passer des canons de fusil, à l'effet
de tirer, si l'on veut, sur les prisonniers. Le reste
du bâtiment est occupé par les officiers et matelots
anglais, à l'exception néanmoins d'un petit espace
sous le gaillard d'avant où est placée la chaudière des
prisonniers, du carré de la drome (1) qu'on a quali-
fié du nom de *Parc*, fermé de tous côtés, où sont
situés les escaliers, et de la portion du gaillard
d'avant où passe le tuyau de la cheminée des chau-
dières. La totalité de cet espace présente une sur-
face d'environ quarante pieds de long sur trente-six
de large; il sert à la fois de promenade et d'étendoir
pour sécher les haillons de neuf cents hommes.
Dans tout le pourtour du bâtiment, à un pied et
demi au-dessus du niveau de l'eau, règne une gale-
rie où sont posés des factionnaires aux extrémités des
gaillards.

» Sur les passavants (2), à chaque passage, à chaque emplacement destiné aux prisonniers, ce mélange

(1) La drome d'un vaisseau est l'assemblage de toutes les pièces de
sa mâture.

(2) Plancher partiel établi de chaque côté d'un vaisseau, à la hauteur et dans l'intervalle de ses deux gaillards, pour servir à la communication de ces mêmes gaillards et à recouvrir les canons de la batterie
immédiatement inférieure.

de factionnaires, dont les consignes varient suivant
les caprices ou la brutalité du commandant du ponton, a donné lieu à beaucoup d'assassinats. Ils ont
été d'autant plus fréquents que l'armée de la marine
destinée au service et à la garde du vaisseau est, en
Angleterre, généralement composée des plus misérables rebuts de la société, d'hommes coupables ou
complices de quelque grand crime, auxquels le
magistrat n'a laissé que l'alternative d'entrer soldat
dans la marine ou d'être pendu. Les pontons sont
amarrés par des chaînes à chaque extrémité, au
milieu de vases fétides et stagnantes que la marée
découvre. L'air putride, humide et salin qu'on y
respire suffirait, sans mauvais traitements ni mauvaise nourriture, pour altérer et détruire en fort peu
de temps la santé la plus robuste. Beaucoup d'autres
causes non moins funestes ont été réunies par les
administrateurs de l'exploitation à laquelle les prisonniers de guerre sont livrés. Ces causes et ce régime ont pour but la destruction des prisonniers. On
va voir en quoi consiste ce régime. Les dimensions
ou hauteur du faux-pont du *Brunswick*, ponton à
bord duquel j'ai été détenu, ne présentait exactement
que quatre pieds dix pouces; en sorte que l'homme
de la plus petite taille ne pouvait s'y tenir debout.
C'est un genre de supplice perpétuel qu'on n'avait
point encore imaginé contre les plus grands crimi-
nels; la plupart des hommes enfermés ainsi sont
devenus perclus et ne se rétablirent jamais. Les
ouvertures pour donner de l'air consistaient en

quatorze *hubleaux* ou petites fenêtres, parcés de chaque côté de dix-sept pouces carrés, sans vitres. Les prisons de terre et de mer occupées par les Français, en Angleterre, n'avaient point de vitres, quoique la température soit généralement humide et froide et que les hivers y soient très longs. La chaleur produite par l'entassement des prisonniers était si grande qu'on ne pouvait fermer les hubleaux que d'un côté à la fois, celui exposé au vent; et c'est ce qui se pratiquait avec de mauvaises guenilles. Ces ouvertures étaient croisées par des grilles de fer fondu, formant une seule masse, les barres épaisses de deux à trois pouces, et les hubleaux se fermaient tous les soirs par un *mantelet* à madrier (1). Ces mêmes précautions sont employées pour la fermeture des sabords rétrécis de la batterie basse.

Il résulte d'un tel état de lieux et de semblables précautions que des hommes entassés par centaines dans les batteries et le faux-pont, hermétiquement fermés en hiver pendant un espace d'au moins seize heures, tombent, pour la plupart, faibles et suffoqués par le défaut absolu d'air. Si l'on essaie alors d'obtenir qu'un des hubleaux soit ouvert, grâce qui ne s'accorde qu'après de longues supplications, qu'après avoir longtemps frappé au mantelet où l'on a porté l'homme mourant, afin de le faire respirer un instant, les voisins de l'ouverture, complétement

(1) Volet qui sert à fermer l'ouverture du sabord d'un vaisseau ou d'une ouverture faite dans sa muraille.

nus, parce qu'il est impossible de résister autrement
aux étouffements de cette chaleur concentrée, se
trouvent saisis par le froid au milieu d'une transpira-
tion abondante, et ils ne tardent pas à être attaqués
d'une maladie inflammatoire. Cette maladie se porte
sur les poumons et menace successivement la vie de
tous les prisonniers, des jeunes gens surtout. On en
a vu, dans la force de l'âge, mourant de la poitrine
par le régime des prisons, et renvoyés au dernier
période de la maladie. On tue par les mauvais traitements les hommes en état de servir, puis *on les ren-
voie en France, afin qu'ils y meurent tout-à-fait;*
plusieurs de ces infortunées victimes sont mortes
dans le passage. La maladie pulmonaire atteint tout
homme qui a dépassé deux années d'emprisonnement,
et la rapidité de ses ravages est en proportion de la
jeunesse du sujet. Un prisonnier qui a séjourné dans
une prison fermée d'Angleterre pendant plus de
trois années ne saurait l'éviter, quelques précautions
qu'il puisse prendre; car partout, dans les prisons
flottantes, l'encombrement est le même, et partout
cet encombrement est le fruit d'une atroce médita-
tion, d'un calcul assassin. Qu'on ne croie point
qu'un sentiment de haine ou de vengeance me porte à
altérer la vérité, dans le tableau que je vais présenter :
il n'est malheureusement que trop vrai. Soixante mille
Français, prisonniers de guerre, en ont été victimes
et y ont succombé; un pareil nombre à peu près est
rentré. Qu'on interroge ce qui en reste, car déjà
beaucoup sont morts ; ce sont des témoins irrécusables.

» L'emplacement accordé à un prisonnier pour tendre son *hamac* (1) est de six pieds anglais de long sur quatorze pouces de large ; mais ces six pieds se trouvent réduits à quatre et demi, parce que les mesures sont prises de manière à ce que les attaches des hamacs se trouvent rentrées les unes dans les autres ; la tête de chaque homme couché est par conséquent placée entre les jambes de deux hommes qui sont au premier rang de la batterie ; s'il fait partie du second, dans l'ordre des numéros correspondants au sien, ses pieds se trouvent entre les deux têtes des hommes du troisième rang, dans le même ordre de numéros ; et ainsi de suite, d'une extrémité de la batterie à l'autre. La carrure d'un homme ordinaire est, d'un coude à l'autre, d'environ dix-huit pouces. On voit donc qu'on lui accorde, dans les pontons, beaucoup moins d'espace pour reposer que la mesure de son corps n'en doit remplir ou déplacer. Mais comme il est physiquement impossible que des hommes occupent un moindre espace que celui de leur grosseur naturelle, on *s'empile* les uns au-dessus des autres. Pour cet effet, on attache le numéro pair et impair à environ dix-huit pouces

---

(1) Large et long morceau de toile qui, suspendu à une certaine hauteur et horizontalement par un faisceau de cordons divers, et attaché à plusieurs points de ses extrémités, forme une espèce de lit où repose ordinairement chaque matelot. — Les hamacs anglais sont d'une forme plus simple et ne se replient pas sur eux-mêmes, parce qu'ils sont maintenus étendus par le moyen d'un cadre en bois qui est placé intérieurement.

plus bas que les deux numéros qui le précèdent et le
suivent, et de cette manière on obtient un peu plus
de largeur, sans diminuer cependant les dangers de
l'encombrement. — La situation des prisonniers
réduits à un semblable état de gêne est sans doute
affreuse ; pourtant le mal ne s'arrête pas là. Les
pontons sont toujours au complet, c'est-à-dire plus
remplis qu'ils ne doivent l'être. Si de nouveaux
prisonniers arrivent, on les jette dans les batteries,
sans s'inquiéter de ce qu'ils deviendront, quoique les
mesures d'emplacement soint déterminées et fixées
au-dessous même de la nécessité physique. Alors
commence pour les nouveaux venus un supplice
impossible à décrire; ne trouvant pas de place pour
suspendre leurs *hamacs*, ils sont réduits à coucher
sur la planche humide et nue. Ainsi un prisonnier,
quel que soit son rang, est contraint à rester dans
cet état lorsqu'il arrive sur un ponton déjà plein.
L'agent auquel on adresse des officiers ne manque
jamais de les envoyer de préférence aux pontons
pleins, et il choisit toujours les pontons les plus
incommodes ; il reste à l'officier captif, suivant l'élévation de son grade, avec les moyens pécuniaires
dont il peut disposer, la ressource d'*acheter* une
place. C'est une misérable spéculation pour un pauvre prisonnier affamé; il consent à vendre sa place
afin de se procurer un peu plus de vivres pendant
quelques jours ; et, pour ne pas mourir de faim, il
accélère ainsi la destruction de sa santé et s'oblige,
dans cette horrible situation, à coucher sur un plan-

cher ruisselant d'eau d'évaporation, de transpira-
tions forcées, qui a lieu dans ce séjour d'angoisses
et de mort. Dans ce cachot d'éternelles douleurs,
l'air est tellement chargé de vapeurs humides et délé-
tères que les chandelles s'en imprègnent au point de
cesser de brûler ; ces vapeurs aspirées tour à tour
par des poumons viciés portent bientôt ce même
germe de mort dans les individus qui n'en étaient pas
encore atteints ; elles sont si fétides, si épaisses, si
chaudes, qu'on a vu souvent les gardiens crier au
secours, à l'incendie, lorsqu'un des hubleaux,
ouvert dans un de ces cas de nécessité dont nous
avons parlé, portait jusqu'à eux les exhalaisons
brûlantes qui s'échappaient de ces cachots. — Les
craintes ou réelles ou simulées des gardiens ont été
quelquefois portées si loin qu'on se préparait à faire
jouer les pompes dans les batteries, malgré les
remontrances des prisonniers qui se voyaient menacés d'un nouveau fléau, celui de l'inondation, à travers les grilles de leurs cachots. »

RÉGIME ET NOURRITURE DES PRISONNIERS SUR LES PONTONS.

« On accorde pour chaque homme prisonnier de
guerre une livre et demie (la livre anglaise n'est que
de 14 onces de France) d'un pain grossier et rempli
d'eau, une demi-livre ou sept onces de viande de très
mauvaise qualité, deux onces de gruau et un gros
d'ognon : c'est la ration du prisonnier. Deux jours

de chaque semaine l'on substitue à la viande une
livre de poisson salé : alternativement de la morue
et du hareng. Les jours du hareng, les prisonniers
l'abandonnent au fournisseur qui leur donne *un sou*.
— Le faux-pont et la batterie de chaque ponton ont
obtenu, comme faveur, de ne pas recevoir ensemble
le poisson. La partie des prisonniers qui reçoit la
viande met dans la marmite la quantité ordinaire
d'eau; et ce jour-là, appelé jour de demi-viande,
tout le monde reçoit un lavage pour soupe. Ce lavage
débilite l'estomac au lieu de le fortifier, mais il
offre du moins un aliment chaud. Deux canots ont
le privilége exclusif de parcourir la rade avec des
provisions; elles consistent en beurre, thé, café,
sucre, chandelle, pommes de terre et tabac. Ces
privilégiés afferment leur droit : cela seul suffit pour
prouver que les denrées sont avariées, de mauvaise
qualité, et se paient sur les pontons un tiers au-
dessus du prix de terre. Pour ces provisions, ainsi
que pour celles que le gouvernement accorde, il faut
prendre ou laisser; il n'y a pas de choix. La réponse
unique que l'on fait à toutes les plaintes est *que cela
est trop bon pour des chiens de Français*. A cet
égard j'ai été témoin, à *Norman-Cross*, de mons-
truosités, d'actes de perfidie auxquels je refuserais
moi-même de croire si la preuve ne m'en était pas
personnelle. Dans la première guerre, trente mille
hommes sont morts d'inanition en cinq mois. J'ai vu
à *Norman-Cross* un coin de terre où près de quatre
mille hommes, sur sept qui se trouvaient dans cette

prison, ont été enfouis. Les vivres étaient chers alors en Angleterre, et notre gouvernement, dit-on, avait refusé de payer un solde de compte dont on le prétendait redevable pour ses prisonniers. Pour acquitter ce solde tous les captifs furent mis à la demi-ration ; et, afin d'être bien sûr qu'ils périraient, on défendit sévèrement l'introduction de vivres à vendre , comme cela était d'usage. Au défaut de quantité on joignit la qualité détériorée et malfaisante des aliments que l'on distribuait. On donnait quatre fois la semaine du biscuit mangé de vers, du poisson, des viandes salées ; trois fois un pain noir mal cuit, confectionné avec des farines gâtées ou du blé noir : on était saisi, aussitôt après l'avoir mangé, d'une espèce d'ivresse suivie d'un violent mal de tête, de fièvre, de diarrhée avec rougeur au visage : beaucoup mouraient attaqués d'une sorte de vertige. La faim ne connaissait plus de bornes : si on gardait des cadavres cinq ou six jours de suite sans les déclarer, afin d'obtenir leurs rations, les voisins appelaient cela *vivre de son mort.* — Milord *Cordower,* colonel du régiment de *Carmarthen,* de garde à la prison de *Porchester,* étant rentré un jour dans l'intérieur, avec son cheval, qu'il attacha à une des barrières, en dix minutes ce cheval fut dépecé et mangé. Lorsque milord vint pour le reprendre, après quelques recherches, on l'informa du fait : il refusa de le croire, et il dit qu'il n'y ajouterait foi qu'autant qu'on lui ferait voir les débris de son cheval. Il fut facile de le satisfaire, et un affamé acheva de dévorer en sa présence la dernière pièce de viande crue qui en restait. Un énorme chien de boucher, ou plutôt tous les chiens qui entraient dans la prison, avaient le même sort...

» Les prisonniers peuvent bien, s'ils le veulent, se procurer quelques provisions autres que celles apportées par les canots, avec la permission du commandant, par le moyen des femmes de soldats qui composent la garde. Pour cet effet on les envoie à terre deux fois la semaine; mais on tombe dans un autre malheur. Cette espèce de *vampires* apostés pour la ruine des prisonniers apportent rarement ce qu'on leur a demandé; toujours ils ont raison, et toujours les prisonniers ont tort. Comme l'argent a été donné d'avance, ils rendent le compte qui leur plaît, et vous forcent de prendre ce qu'ils ont. »

HABILLEMENT DES PRISONNIERS.

« Si les prisonniers sont mal nourris, ils sont plus mal vêtus encore, s'il est possible. Le règlement *apparent* de l'administration porte que les prisonniers doivent recevoir, tous les dix-huit mois, une veste à manches, un gilet sans manches, un pantalon, deux paires de bas, deux chemises, une paire de souliers et un chapeau. Je ne doute point que dans la comptabilité le gouvernement ne paie le vêtement du prisonnier sur ce pied. Cependant il est de fait incontestable que les prisonniers ne reçoivent pas *une*

fois en quatre ans l'habillement complet tel que
l'administration le fixe. Aussi longtemps qu'il reste
au prisonnier quelques-unes des guenilles avec
lesquelles il est entré en prison, il ne reçoit aucun
vêtement. S'il touche quelque argent de sa famille,
circonstance que l'agent ne saurait ignorer, puisque
tout argent adressé à un prisonnier passe par ses
mains, il ne reçoit aucun vêtement. Aussi la nudité
de la plupart des prisonniers est effroyable : ils sont
rongés de vermine, et tout le monde en est inondé.
D'un autre côté, les vêtements qu'on distribue sont
coupés de manière qu'ils ne peuvent physiquement
servir, même à des hommes de petite taille. On est
obligé de tout refaire : les pantalons n'ont ni fonds,
ni ceinture ; il en entre ordinairement trois dans la
recoupe de deux ; le gilet sans manches s'emploie
toujours pour élargir, pour renforcer aux coutures le
gilet à manches. Il résulte de grands abus d'un tel
désordre, et personne n'inspecte avec soin les four-
nitures qui sont faites, parce que tout le monde y
trouve son compte. De façon que, quinze jours après
une distribution quelconque d'habits, la moitié de
ceux qui les ont reçus ont été obligés d'en vendre une
partie pour mettre le reste en état de servir. Le capitaine de vaisseau *Wodrive,* agent des prisons de *Porstmouth* et *Forton,* était un de ceux qui paraissaient
vouloir le mieux faire leur service. Il faisait distribuer avec assez d'exactitude les chemises aux époques
où elles étaient dues ; mais au moment même de la
distribution son secrétaire les reprenait moyennant

un schelling (1) ; ces chemises sont payées trois schel-
lings par le gouvernement ; les pontons de *Porstmouth* et de *Forton* ne comptant pas moins de douze
mille prisonniers, on voit quel devait être le bénéfice
de ce secrétaire.

ARGENT ADRESSÉ AUX PRISONNIERS PAR LEURS FAMILLES.

« Si les prisonniers ont à souffrir de grandes privations, des maux réels dans ce qui concerne leur
nourriture, ils n'éprouvent pas moins de difficultés
pour recevoir les secours qu'ils attendent de leur
patrie. La famille d'un pauvre matelot, d'un malheureux soldat, se saigne, s'impose les plus doulou-
reuses privations, afin de lui faire passer une mo-
dique somme ; le quart d'une somme aussi sacrée
n'arrive pas dans son temps à sa destination : elle
devient la proie des préposés à l'administration du
transport des prisonniers. Si le matelot ou le soldat
reçoit les lettres qui lui annoncent un secours, et le
plus souvent elles sont interceptées ; s'il fait en conséquence une réclamation, la réponse est toujours :
qu'on n'a rien reçu pour lui, qu'on n'a aucun avis de
ce qu'il demande. Il doit s'estimer heureux si, au
bout d'une année d'insistance, il reçoit enfin partie
de ce *qu'on lui a envoyé, à moins de faveurs parti-
culières.* Si le prisonnier meurt, s'il est échangé ou

(1) Le schelling vaut un franc vingt-deux centimes.

NAPOLÉON À SON LIT DE MORT.

transféré dans une autre prison, la somme est absolument perdue. La réunion d'une quantité de petites sommes, accumulées de cette manière, compose à l'agent une fortune énorme, non-seulement par les capitaux volés, mais encore par les intérêts accumulés. Ces détails peuvent paraître minutieux : ils doivent intéresser tous les bons Français, puisqu'il s'agit de braves matelots ou soldats auxquels, après avoir volé en Angleterre le vêtement et la nourriture, on volait encore les secours qu'on leur envoyait. »

MAUVAIS TRAITEMENTS HABITUELS EXERCÉS ENVERS LES PRISONNIERS : LEURS DIFFÉRENTES ESPÈCES.

« Quelque temps qu'il fît, les prisonniers se comptaient deux fois par jour. Les escaliers par lesquels quatre ou cinq cents hommes devaient déboucher pour se rendre à cet appel étaient raides et étroits ; ils ne laissaient de passage que pour un homme à la fois. Les jours de pluie, les hommes accumulés dans le parc rentraient percés jusqu'à la peau. Les laines une fois imbibées ne séchaient plus dans l'atmosphère humide des cachots, et ce n'est pas une des moindres causes des maladies qui moissonnaient les prisonniers de guerre français. — Au moment où l'on devait *compter*, des soldats descendaient pour faire monter les prisonniers : il se commettait alors des actes effroyables de brutalité. Plusieurs fois des prisonniers ont été percés de baïonnettes, ou estropiés à

S..

coups de sabre, parce qu'ils ne montaient pas assez
vite au gré d'un soldat ivre. Dans ce cas, il n'y avait
aucun redressement à espérer ou à obtenir. Le colonel *Vatable* et *moi*, témoins et presque victimes d'un
pareil acte de barbarie, vîmes tomber un jour un
malheureux sous les coups de sabre d'un soldat; il
reçut une forte entaille au bras. Nous témoignâmes
notre indignation : pour tout redressement de notre
plainte, il fut répondu que le soldat était un peu
brutal, qu'il avait bu; mais que pareille chose n'ar-
riverait plus. Le lendemain on ordonna que le colonel Vatable et moi fussions désormais enfermés l'un
et l'autre avant *l'appel pour compter*, afin que nous
ne puissions être témoins de l'assassinat de nos compatriotes et par conséquent nous en plaindre. »

Mais en voici assez comme cela avec les citations
de ce bon M. Pilet, qui est mort très peu de temps
après sa rentrée en France, en 1815, par suite des
mauvais traitements qu'il essuya à bord des pontons.
Je continuerai demain à vous raconter mes propres
aventures, et je tâcherai, malgré la circonstance, de
prendre un ton plus gai. J'aurai aussi à vous faire
part de l'histoire de deux nouveaux personnages avec
lesquels vous serez bien aises de faire connaissance,
je vous assure.

DOUZIÈME VEILLÉE.

UNE ÉVASION DES PRISONS D'ANGLETERRE.

J'AVAIS appris à très bien parler anglais. Je l'écrivais même passablement. Plusieurs tentatives d'évasion de la part de mes camarades firent resserrer nos liens ; et cependant ma patience, ma résignation dans l'infortune, ma politesse même à l'égard des geoliers qui nous gardaient, et aux brutalités desquels je ne répondais que par un silence froid mais soumis, m'avaient bien mis avec eux. Un peu plus libre que mes autres camarades, et, par une faveur spéciale,

ayant reçu la permission, après une année de cap-
tivité, de faire un petit commerce de comestibles,
je me fis gargotier. C'était la femme d'un sergent de
la garnison du ponton, ou quelquefois les canots
chargés du privilége d'apporter des denrées, qui
m'approvisionnaient. — On vantait ma cuisine, et
mes ragoûts de pommes de terre et mes beefsteaks
acquirent à mon restaurant une certaine réputation.
Comme j'étais complaisant pour nos gardiens, l'un
d'eux m'avait pris dans une grande affection, et il
voulait bien, le soir, accepter de ma main un verre
de punch ou de grog, que je faisais parfaitement. La
prédilection de ce gardien n'allait pourtant point
jusqu'à me témoigner ouvertement sa bienveillance.
Je voyais seulement par son silence à mon égard,
dans des occasions où d'autres m'auraient maltraité,
qu'il me portait de l'amitié, ce dont je lui tenais
compte aussi en moi-même. — Cette bonne pâte de
geolier s'appelait *Daniel.* C'était un grand gaillard
d'une trentaine d'années, figure brunie par le soleil
et les fatigues de la mer. On prétendait qu'il avait
servi dans la marine et fait plusieurs fois le voyage
des Indes; qu'il aurait obtenu un grade s'il n'eût
donné lieu à des punitions qui le firent confiner dans
un ponton où, pour toute grâce, on lui donna le
noble emploi d'un des gardiens des prisonniers
français. — Daniel était un brave Irlandais, détestant
cordialement les Anglais, qui l'employaient cependant. Je n'appris ces détails que longtemps après.

La vie que je menais en prison aurait été assez

douce si je ne me fusse souvent représenté ma
pauvre mère dans les larmes, appelant de tous ses
vœux son fils unique pour lui fermer les yeux. J'avais
instruit la bonne femme de mon existence sur les
pontons, et tous les secours qu'elle put m'envoyer
je les reçus heureusement, grâce à la protection de
l'officieux Daniel. C'est avec cet argent que je m'étais
mis dans le commerce, où, grâce encore à l'appui
de M. Daniel l'Irlandais, et à mes petits profits, je
me trouvais assez riche pour pouvoir rendre quelques
services à mes camarades; ajoutez-y le titre de
secrétaire dont je servais à ceux qui ne savaient pas
écrire, et vous comprendrez que, en outre de mon
restaurant, qui prospérait, à bord du vieux vaisseau
où je tenais encore un cabinet d'affaires, je devais
me trouver dans une position superbe pour un
prisonnier. Ma chambre à coucher n'était point
devenue plus spacieuse pour cela; et, le soir, je m'y
étendais sur le matelas qu'on me tolérait, enveloppé
de ma triste couverture. C'est que là, dans l'espace
de mes six pieds de long sur deux de large, je repo-
sais au milieu de mes richesses, enfermées dans des
espèces d'étagères portatives créées par mon industrie, et qui contenaient des pots, des plats, des
assiettes et quelques provisions. Le hamac au-dessus
de moi appartenait à un pauvre diable à qui j'avais
acheté sa place afin d'être plus au large, et qui
s'arrangea avec un autre camarade aussi malheureux
que lui. Je devais tous ces avantages un peu à ma
bonne conduite qui avait touché le commandant du

ponton, qui d'ailleurs ne recevait que des rapports avantageux sur moi. J'étais pour cet effet généreux envers nos geoliers, et les petits cadeaux que j'offrais exactement tous les mois à M. le secrétaire me rendirent favorables ces cerbères de l'enfer que nous habitions. Dans cette situation, mes petites affaires n'allaient pas trop mal ; mais je comptais alors près de deux années de prison. Depuis quelque temps je m'apercevais de l'air soucieux de M. Daniel. Il ne passait plus devant moi ou ne m'adressait la parole qu'avec un air distrait et mystérieux. Il me faisait souvent la mine d'un homme qui va parler ; puis il s'arrêtait, me regardait et s'éloignait.

Une nuit, — je m'en souviendrai toujours ! — tout était calme sur le ponton ; on n'entendait que les pas des sentinelles qui se promenaient et le bruit des vagues venant frapper la carcasse du vieux navire... Tout-à-coup je me sens tirer pas le bras, et une voix bien basse me dit à l'oreille en mauvais français : « Laisse-toi faire ; c'est pour ton bien. » — Il faisait très sombre. Nous étions au commencement de mai, et le temps se préparait à l'orage. — N'importe ! je me laisse aller à l'inconnu qui me jette sur les épaules une de ces capotes que portent la nuit les soldats anglais lorsqu'ils font leur service de ronde. On m'avait pris les mains, je suivis mon guide. Bientôt nous arrivons à une des écoutilles du vaisseau. Mon conducteur y passe la tête, puis le corps, me met les cinq doigts sur une corde fixée au navire, en fait autant lui-même, et se laisse couler

sans bruit le long du ponton jusqu'à un canot. Je
l'imite et j'arrive avec lui sur l'embarcation où
j'aperçois dans l'ombre déjà trois hommes dans un
costume semblable au nôtre. Tous gardaient le
silence le plus profond. Le canot se met en mouvement, passe à travers plusieurs vaisseaux de guerre
et des pontons où se trouvaient aussi des prisonniers.
On nous crie : Qui vive! — L'Irlandais, car c'était
lui, répond : « *Ronde de nuit!* » Cependant ceux
qui avaient commencé par ramer lentement, comme
des gens qui font véritablement une ronde de nuit,
redoublèrent peu à peu d'activité, et bientôt nous
eûmes dépassé les vaisseaux du port les plus éloignés
pour arriver à la haute mer. Nous fendions les ondes
avec une rapidité extrême. Pourtant l'orage se faisait
entendre au loin ; la mer, d'abord tranquille, s'annonçait menaçante. Jusque là personne n'avait
prononcé une parole ; le cœur me battait violemment, et je ne savais que penser de tout ce mystère,
lorsque enfin la voix de Daniel se fit entendre :
« Mon capitaine, dit-il à un de ceux qui étaient dans le
canot, c'est à vous maintenant de commander. — Hé
bien ! répondit avec énergie celui qui venait de
recevoir le titre de capitaine, force de rames vers
les côtes de France!... » — Les côtes de France !
reprit un des rameurs, avec ce chétif bâtiment?
vingt lieues d'eau salée à franchir et l'orage par-là
dessus !... il faudrait être fou !... Reprenez vos vingt-
cinq guinées, continua-t-il en pressant le bras de
Daniel, nous allons virer de bord et gagner l'Angle-

terre avec la marée... — Daniel, à ces mots, montre deux pistolets au marin ; le capitaine inconnu en fait voir autant à son camarade, et les deux rameurs, se rasseyant sur leur banc sans répliquer, rament vigoureusement vers la France...

— Il y avait environ trois heures que nous étions en mer...... Le jour commençait à poindre..... Le capitaine fumait tranquillement sa pipe, et les rameurs, à leur poste, savouraient un cigare qu'il leur avait donné. L'officier me parut le héros de la fête. Il présenta bientôt à nos marins, puis à l'Irlandais et à moi, une longue gourde remplie de rhum que chacun accola avec délices. Tout ce qui se passait autour de moi me paraissait un songe ; cependant je me tâtais et me trouvais éveillé. Il était évident que nous allions en France avec un capitaine de mon pays, dont le gardien irlandais avait facilité l'évasion à prix d'argent : mais, moi, qui ne lui avais pas donné un sou, comment étais-je là ? pourquoi m'emmenait-il aussi ? Voilà ce que je ne concevais pas. — Patience, tout va s'éclaircir.

Il faisait grand jour. M. le capitaine, qui possédait une longue-vue, car il paraît que, en s'échappant, il s'était approvisionné de toutes choses, regardait alternativement en arrière et en avant : l'Angleterre d'un côté, la France de l'autre... France ! s'écriait-il. je vais donc te revoir !..... et il donnait encore un coup à boire aux rameurs, dont les bras tendus comme des cordes de basse ne pouvaient plus remuer. L'officier prit la place de l'un, moi celle de l'autre,

et les marins fatigués, harassés, se jetèrent tout de
leur long dans le canot, tandis que Daniel, l'intrépide Daniel, l'œil ouvert, la lunette en main, surveillait tous leurs mouvements, en même temps qu'il
explorait la mer..... Déjà nous avions rencontré,
à des distances, il est vrai, un peu éloignées, des
navires qui sillonnaient la mer toutes leurs voiles
déployées; à peine pouvait-on nous apercevoir. Le
temps sombre était d'ailleurs pour nous; et, semblables à un point dans l'immensité, nous voguions
inaperçus; mais il ne fallait qu'une mer houleuse,
un coup de vent, pour nous renverser et nous
noyer... Nous étions éloignés des côtes d'Angleterre
de sept à huit lieues quand nous vîmes venir à nous
une barque de pêcheurs. La direction qu'elle suivait
ne put, dans le moment, nous indiquer si elle contenait des Français ou des Anglais... Toutefois elle
approche... C'est un bâtiment anglais!.... Daniel
nous dit de ralentir notre marche. La barque arrivant
sur nous, Daniel adresse en anglais la parole au
patron, en se donnant pour un douanier qui fait sa
ronde. Les pêcheurs lui répliquent en riant que nous
avons plutôt l'air de contrebandiers que de doua-
niers; mais que cela importe peu. — Combien êtes-
vous à bord? leur demande l'Irlandais. — Cinq
hommes et un mousse lui répond-on. — L'Irlandais
s'approche, fait un signe au capitaine qui le com-
prend, et aborde la barque; puis tout-à-coup, sautant sur le tillac avec l'officier, il m'entraîne poussant d'un coup de pied vigoureux le canot qui nous a

conduits, et en criant aux deux Anglais : Bon
voyage ! — Ceux-ci le regardent stupéfaits, gagnent
le large, et se dirigent vers Portsmouth.

Les pêcheurs étaient six ; ils voulurent d'abord
résister... un croc-en-jambes de Daniel en renverse
deux à la fois sur la cabine ; le capitaine en couche
en joue deux autres, les assurant qu'ils sont morts
s'ils ne se rendent, tandis que moi j'empoigne le
cinquième au collet, et m'apprête à le jeter à la
mer, pendant que le petit mousse se cache sous la
voile qu'on venait de baisser. Les Anglais se croient
perdus et demandent grâce. La vue de l'or, que le
capitaine fait briller à leurs yeux, les rassure : trois
de ces braves gens consentent, moyennant salaire,
à rester dans leur chambre où je les enfermai, pendant que les autres, sous nos yeux, manœuvraient
vers la France. J'appris alors pour la première fois
que je voyageais et devais ma liberté à un capitaine
de dragons français, riche, bon enfant, qui avait
acheté sa sortie de prison et la mienne, sans toutefois me connaître, en séduisant notre gardien,
auquel il avait promis une fortune que celui-ci, par
haine pour les Anglais et par amitié pour moi, se
vit, me dit-il, dans l'obligation d'accepter. — Le
brave officier, qui ne pouvait emmener tous ses
camarades ni tenter même d'en affranchir plusieurs
sans faire manquer son projet, voulut au moins en
sauver un. — Il en fit la condition au gardien qu'il
trouva accessible, lui recommandant de faire tomber
son choix sur un brave homme capable au besoin de

les seconder ; j'étais sous la main de *Daniel ;* sensible à mes procédés, il se rappela de moi, comme vous l'avez vu.

Cependant les pêcheurs, à leur grand déplaisir, s'approchaient de plus en plus des côtes de France... Le pistolet au poing, notre officier de dragons surveillait tous leurs mouvements, tandis que l'Irlandais et moi conduisions la manœuvre, tout en guettant nos prisonniers. — Ces pauvres gens étaient des pères de famille ; ils parlaient de leurs femmes, de leurs enfants, et se désolaient ; pour leurs camarades enfermés dans la cabine, ils s'enivraient avec du rhum et laissaient couler l'eau... Le capitaine avait pourtant promis aux pêcheurs qu'il ne leur serait fait aucun mal, qu'il les récompenserait même et leur rendrait leur barque dès qu'il pourrait aborder la terre. Nous convînmes encore de répondre aux vaisseaux anglais que nous rencontrerions qu'un coup de vent nous avait éloignés de notre route, et que nous étions pêcheurs. — Nous voguâmes ainsi durant tout le jour. Nos prisonniers s'étaient accoutumés à nos bonnes façons. Le capitaine leur avait remis quelques napoléons pour les consoler : aussi commençaient-ils à se calmer et à devenir dociles...

Enfin nous aperçûmes, le matin suivant, les côtes de Normandie dans la direction de Saint-Valery. A cette vue, nos pauvres Anglais tremblèrent de tous leurs membres, tant ils appréhendaient d'être faits prisonniers. Le capitaine les rassura de nouveau, en

leur répétant qu'il les rendrait libres et à leur pays
aussitôt qu'il pourrait atteindre la moindre barque de
pêcheurs ou la côte française.

Vers le soir, après deux jours et deux nuits d'une
navigation pénible, nous distinguâmes, à une assez
longue distance encore, le port de Saint-Valery en
Caux, sur lequel nous nous dirigeâmes ; et, comme
si le ciel eût voulu favoriser les bonnes intentions de
notre capitaine, des marins qui sortaient du port sur
un petit esquif ne tardèrent pas à nous joindre sur
les signaux que nous leur adressâmes... — C'étaient
des pêcheurs ; en nous approchant, ayant reconnu
les Anglais, ils allaient prendre le large, lorsque
notre commandant leur apprit, à l'aide du porte-voix,
que nous étions des prisonniers échappés des pontons
d'Angleterre. Cette explication leur suffit : les pêcheurs nous reçurent tous les trois à leur bord ; mais
leur surprise augmenta bien davantage quand ils
virent la barque anglaise s'éloigner à force de rames
et de voiles !... Le capitaine l'avait promis.

Nous ne tardâmes pas à entrer dans le port de
Saint-Valery avec nos compatriotes. Ceux-ci, en
débarquant, vantèrent la générosité du capitaine,
dont la mise n'était pourtant pas brillante, et en
cela ressemblait à la mienne ; mais ayant distribué
quelque peu d'or à propos, les pêcheurs en avaient été
éblouis. Ces braves gens publièrent partout que nous
étions des officiers de distinction échappés des
pontons d'Angleterre, que des pêcheurs de cette

nation, gagnés par nos libéralités, leur avaient remis en mer.

Nous nous présentâmes à la meilleure auberge ; on nous y accueillit bien, malgré notre costume hétéroclite. — Bientôt un tailleur, une lingère, vinrent nous mettre en état de paraître devant les autorités de l'endroit, qui venaient, M. le maire à leur tête, nous faire une visite et nous complimenter sur notre délivrance. — Le lendemain, après un sommeil qu'aurait envié un roi, nous voulûmes bien accepter une fête que nous donna la petite ville maritime de Saint-Valery. Notre histoire y faisait grand bruit, et M. Daniel y jouait un beau rôle : on savait qu'il était Irlandais, et qu'il avait été un de nos geôliers.

Presque en débarquant, notre jeune officier, dont j'appris alors le nom et le rang, et qui s'appelait M. Doré, écrivit à sa famille, à Paris, pour l'instruire de sa délivrance. De mon côté, j'adressai une lettre à ma mère pour lui mander que j'avais été rendu à la liberté comme par miracle, après vingt-trois mois de détention.

A la suite de mille questions sur l'Angleterre et de la petite fête qu'on nous donna, le capitaine Doré demanda une chaise de poste. Il voulait partir pour Paris. Je crus alors discret à moi de me séparer de lui pour gagner mes foyers à petites journées, comme il convient à un bon soldat. Quoique j'eusse rapporté des prisons d'Angleterre quelques espèces jaunes, fruit de mes économies, je n'en possédais pas, à beaucoup près, autant que le capitaine. Lors donc que je lui fis part de mon projet, il me signifia si positivement que je ne m'en irais point seul, et que, puisque j'étais militaire, je ne devais ne pas le quitter, qu'il n'y eut pas moyen de refuser sa société et tout ce qu'il voulait faire pour moi.

Nous montâmes tous les trois dans une sorte de calèche que le maître de poste nous procura, et qui nous conduisit jusqu'au premier relai. — Là on nous donna une autre voiture, et ainsi de suite, jusqu'à Rouen, où nous prîmes place dans la diligence qui arrivait à Paris le lendemain matin. En descendant dans la cour des messageries, je voulus de nouveau prendre congé du capitaine, en lui disant que je craignais de lui devenir importun. « Qu'appelez-vous importun? s'écria-t-il; ne sommes-nous pas frères d'armes et d'infortune? Ce sont des liens qui se rompent difficilement, entendez-vous, monsieur *La Pensée?* » — Daniel lui avait dit comment je m'appelais, ou, pour mieux dire, comment on m'appelait. Vous l'avouerai-je? je me fis une douce violence et me laissai conduire en fiacre chez le père du capitaine. Ce dernier nous prévint, l'Irlandais et moi, que nous étions attendus. — Effectivement mon jeune officier avait averti ses parents qu'il ne voyageait pas seul, et que ses deux *compagnons* de prison arriveraient avec lui à jour et à heure fixes. La réception qu'on nous fit ne m'étonna point :

c'était un fils qu'on revoyait, des Français malheureux qu'on accueillait!....

Tout cela est fort bien ; mais je m'aperçois qu'il est tard ; demain vous connaîtrez la suite de mes aventures. En voilà assez pour ce soir ; allons nous coucher.

TREIZIÈME VEILLÉE.

LE CAPITAINE DORÉ ET SA FAMILLE.

Le père du capitaine et sa mère étaient dans l'enchantement. Je ne fus pas peu surpris de voir chez eux une espèce d'ouvrier endimanché qui sauta au cou de l'officier en pleurant et en l'appelant son frère, son sauveur. Une bonne femme l'accompagnait, probablement sa mère; elle pleurait aussi, et beaucoup, en serrant dans ses bras l'ex-prisonnier qu'elle nommait son fils, son cher fils. — Cette femme, c'était sa nourrice, et l'ouvrier, son frère de lait.

M. et madame Doré nous donnèrent à chacun une chambre séparée et fort propre. — Un vieux domestique de la maison me conduisit à la mienne. Tout en changeant de vêtements, fonction que l'honnête serviteur voulut absolument m'aider à remplir, quoique je m'en défendisse, je l'excitai un peu à causer. Le vieillard, du reste, aimait à parler. Je le mis sur la voie du frère de lait, de son maître, de l'amitié qui semblait régner entre eux, et de la reconnaissance que l'ouvrier manifestait... Le bonhomme me dit : — « Il y a d'excellentes raisons pour cela. » Ce peu de mots augmentant ma curiosité, je désirai en savoir davantage, et le demandai naturellement. — « Je vous conterai cela ce soir, me répondit-il : ma chambre est près de la vôtre. Je suis le plus ancien serviteur de la maison ; on a des égards pour moi ; mon jeune maître veut que je sois bien chez son père, que je ne travaille qu'à mon aise. Il est aussi brave que généreux, ce bon jeune homme !... Je l'ai vu naître ; j'étais ouvrier alors : il se le rappelle, et me traite presque d'égal à égal, ne m'appelant jamais que son cher François.... Vrai, j'ai tant de plaisir à parler de ce digne M. Ernest, de sa belle action.... Oui, oui, à ce soir ; à ce soir, me répète encore le domestique en se retirant. »

La conduite franche, pleine de loyauté et de bravoure du capitaine Doré, pendant notre traversée d'Angleterre, et ses généreux procédés à mon égard, me faisaient vivement désirer d'en savoir davantage sur son compte. J'attendis donc l'heure de la retraite

du vieux serviteur avec une assez vive impatience. —
Il était dix heures lorsque chacun de nous se retira.
— Le bon François, après m'avoir laissé coucher,
et quand il put croire que je m'étais arrangé commo-
dément dans mes draps, frappa un petit coup à ma
porte. Je dis : *Entrez*. L'ancien ouvrier entra donc
dans la chambre ; il prit une chaise, l'approcha
de mon lit, et s'y asseyant, me dit : « Voulez-vous
maintenant connaître notre brave capitaine, et les
beaux traits qui lui font honneur ? — Vous me
ferez plaisir. — En ce cas, écoutez. Quand vous
en aurez assez ou que vous voudrez dormir, vous me
le direz ; alors je vous quitterai. » — Je fis un signe
affirmatif, et M. François commença.

LES FRÈRES DE LAIT.

« Joseph et Ernest avaient sucé le même lait ;
aussi s'établit-il entre eux une amitié si franche,
si dégagée de tout intérêt de rang et de fortune,
qu'au bout de vingt ans encore ils ne s'abordaient
jamais qu'en se serrant la main, ayant toujours à la
bouche le nom chéri de frère, nom si doux à prononcer. — « Bonjour, Ernest ; comment vas-tu ?
— Et toi, Joseph ? Tu es toujours gai, bon enfant,
n'est-ce pas, frère ? — Oh ! oui, frère ; et, quand
je te vois, je suis encore plus content, plus heureux ! »

» Joseph était l'unique enfant d'un nommé

Dubois, pauvre menuisier de Paris, dont la boutique donnait dans une petite rue de la cité, voisine des ateliers nombreux d'un riche orfèvre du quai Saint-Michel. — Madame Doré, épouse de l'orfèvre, étant enceinte de M. Ernest, rencontra un jour la femme du menuisier aussi près d'accoucher : c'était une grosse maman, belle de santé. Sa figure plut à madame Doré; elles étaient presque voisines. Madame Doré dit à son mari que la femme de l'artisan ferait une bonne nourrice; et, sur ce, M. Doré consulte le médecin de madame; et celui-ci, après avoir vu la femme du menuisier, l'arrêta. — D'après ce que j'ai lu quelque part, madame Doré aurait dû allaiter elle-même son fils; c'était son devoir; mais Madame avait beaucoup d'affaires : on la voyait si souvent à l'église, au bal et dans le monde qu'elle n'en aurait pas eu le temps. Son mari aussi, fort occupé de son état, se serait mal accommodé des criailleries d'un enfant. Tout de même, l'un et l'autre étaient enchantés d'avoir un héritier.

» Monsieur, à cette époque, et comme toujours, soit dit sans médisance, aimait beaucoup l'argent : alors je faisais partie de l'atelier, et je m'en souviens, dans cette circonstance néanmoins, il ne regarda point aux espèces.

» Les deux femmes devinrent mères presque en même temps; seulement la menuisière devança madame Doré de quelques jours. Toutefois on était convenu que si madame Dubois ne pouvait nourrir son fils sans prendre sur le nécessaire de M. Ernest,

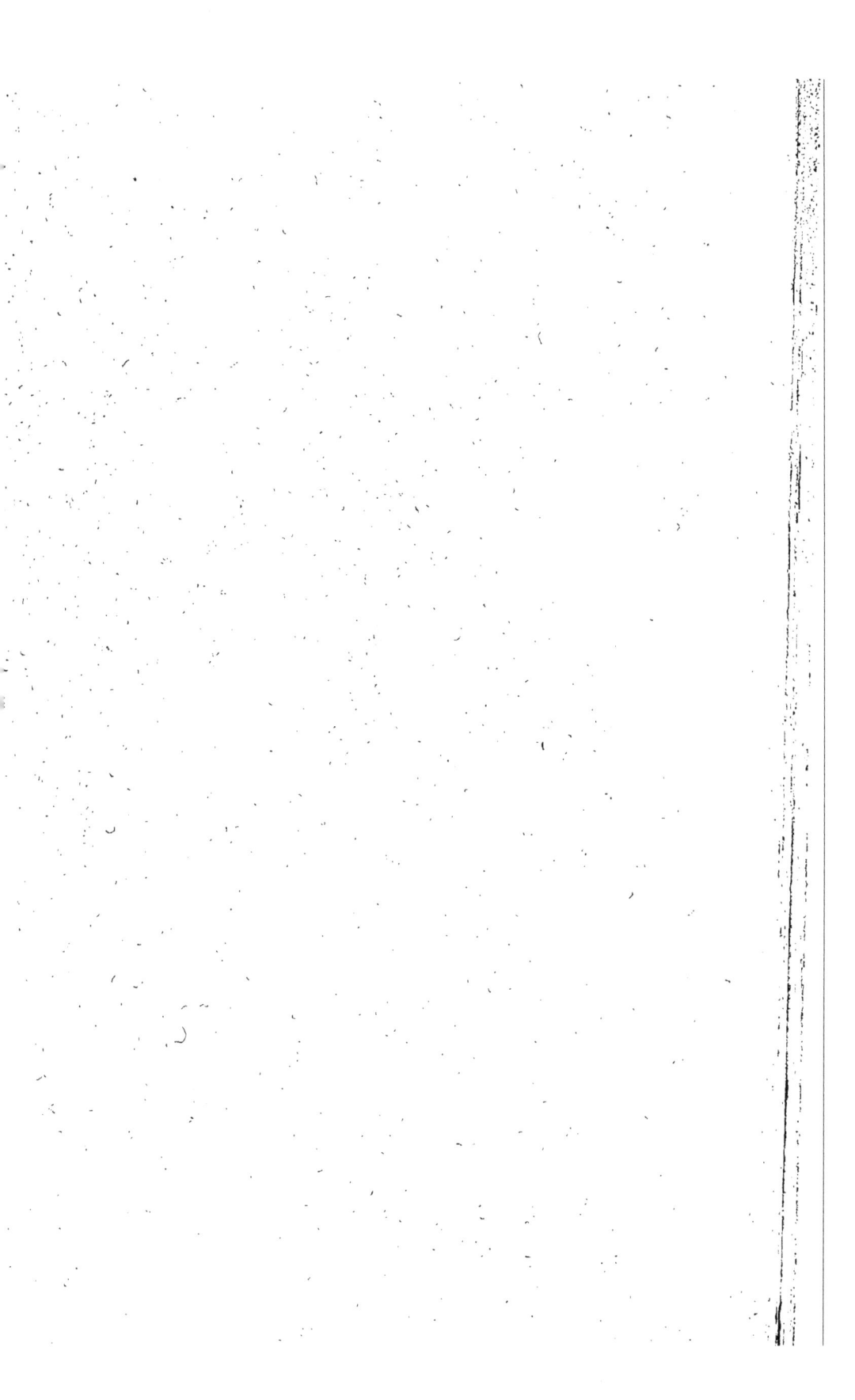

VEILLÉES AU VILLAGE.

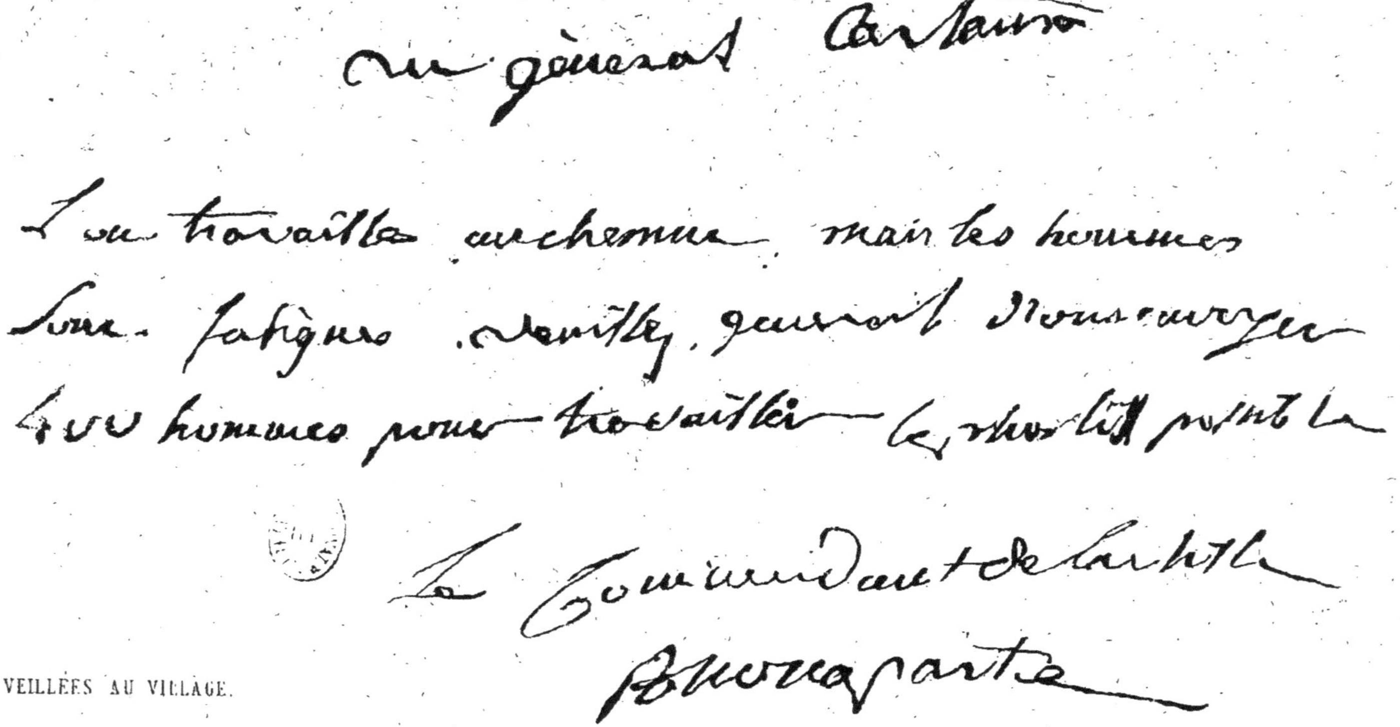

la portion du pauvre petit lui serait retranchée, et qu'on l'élèverait au biberon pour que mon jeune maître en prît tout à son aise. Heureusement il n'en fut pas ainsi, Dieu merci : la nourrice eut du lait plus qu'il n'en fallait, et les deux nourrissons se trouvèrent à merveille assis à la même table.

» Comme ils étaient beaux, ces deux enfants, fixés par leur petite bouche sur ce trône maternel où ils puisaient en même temps la vie !... Il fallait les voir, comme je les ai vus, se regarder, se sourire !... Ils semblaient se parler !...

» Madame Doré venait souvent visiter son fils, et s'amuser d'un spectacle que son cœur aurait dû envier à la nourrice ; mais, jeune, riche, tout entière à ses plaisirs, elle trouvait seulement un passe-temps dans la contemplation d'un tableau où toutes les bonnes mères eussent voulu figurer. C'est du moins ce que disait, dans ce temps-là, un oncle de Madame, qui du reste ne se gênait point. — La santé des deux enfants était bien belle, le même lit les recevait, leurs jeux étaient les mêmes. A trois ans de là, la femme du menuisier, ayant *Joseph* et *Ernest* sur chacun de ses genoux, les faisait sauter en leur chantant la chanson du petit voyageur : « *A Royan, sur mon petit cheval blanc ; à Paris, sur mon bon cheval gris ; à Orléans, sur mon bon cheval alezan...* » Et les enfants de rire : — « Encore ! maman *Bois !* » (diminutif de *Dubois.*)

» Cependant mon maître, toujours très occupé, ne voyait guère son fils : il avait bien autre chose dans

9...

la tête, vraiment! La fortune lui arrivait de tous les
côtés, et nous ne pouvions suffire aux commandes.
Ajoutez qu'il faisait un joli commerce d'escompte.
Pourtant le marmot, ainsi qu'il l'appelait, et que je
voyais plus souvent que lui, devenait charmant, et
nous commencions à être une bonne paire d'amis ; il
comptait cinq années à cette époque.

» Un jour, je ne sais pourquoi, Madame se prend
à dire que M. Ernest est un bel et bon enfant,
et qu'il ressemble tout juste à son papa : aussitôt
voilà celui-ci qui plante là son trébuchet, met
sa cravate, passe légèrement ses doigts dans la huppe
de ses cheveux, puis, regardant sa femme d'un
air gracieux : — « Ma bonne amie, lui dit-il, fais
prier la mère Dubois de débarbouiller à fond notre
Ernest, de le vêtir de son petit uniforme, et de
nous l'envoyer au dessert... » Cela était fort bon à
dire ; mais à exécuter c'est autre chose. Ernest
ne quittait pas volontiers sa nourrice ; le camarade
frère de lait Joseph, encore moins ; et il ne serait
pas sorti sans l'avoir à son côté ; c'était sa sauve-
garde, son ombre ; les deux enfants ne faisaient
qu'un. Ernest n'eût pas voulu se séparer deux minutes de Joseph pour tous les joujoux et les bâtons de
sucre d'orge du monde : il en était de même de
Joseph ; cela venait un peu de la faute de M. et de
madame Doré. Leur fils avait près de six ans ;
ils étaient voisins de Dubois. Cependant ils se pri-
vaient volontairement de la vue de leur enfant, et des
jouissances attachées à cette vue, disait l'oncle. —

« Maintenant, ajoutait-il, constants dans leur négligence, ils paraissent presque étrangers à celui qui leur doit le jour.... » — Et c'était vrai encore !... M. Ernest ne connaissait que *maman Bois*, *papa Bois*, *frère Joseph*... A qui pouvait-on s'en prendre? M. Doré rêve un moment ; — « Il faudra, dit-il, retirer notre fils des mains de ces bonnes gens. » Madame Doré, toute pensive, sent bien qu'Ernest n'a pas pour elle l'attachement qu'une mère a le droit d'attendre de son enfant. Elle commence à se repentir de son abandon.... et d'autant plus que cet enfant est superbe, que tout le monde le lui dit, que ses cheveux châtains descendent en longues boucles frisées sur ses jeunes et blanches épaules.... — « Mon fils a la figure d'un petit chevalier, répétait Madame à toutes ses connaissances : voyez son air fier !.... ses jolis yeux ! quel beau teint il a !.... Chacun m'en ferait compliment si je le montrais à ma société, dans mon salon. » Et voilà ma bonne maîtresse qui tout-à-coup se prend de passion pour son fils qu'elle a oublié si longtemps; elle en est orgueilleuse parce qu'il est beau garçon, sans songer, ainsi que le dit l'oncle sévère, si son âme sera aussi belle que son corps, et si les qualités de son esprit équivaudront à celles de son physique; puis d'autres choses encore que je n'ai pas retenues. Enfin l'oncle prétendait de plus, — le digne Monsieur ; — que madame sa nièce ne trouvait son cœur de mère que dans les yeux de son fils.

» Pour en revenir, on eut bien de la peine à faire

entendre raison aux deux marmots. — Le petit Er-
nestin ontra un caractère héroïque lorsqu'on essaya
de le séparer de son camarade, *son frère,* ainsi qu'il
l'appelait toujours. Il ne voulait point non plus quitter la nourrice.... Il tendait ses petits bras à *maman
Bois ;* d'une main il s'accrochait à son tablier, de
l'autre il serrait fortememt celle de Joseph. Il pleurait, refusait de recevoir les caresses de madame
Doré, tandis que son père et sa société, devant
lesquels cette scène se passait, gardaient un silence
peu aimable.

— Si vous aviez vous-même pris soin de votre
enfant, si vous ne vous en fussiez pas séparée, observait tout bas à l'épouse de mon maître une amie de
sa famille, vous n'éprouveriez pas aujourd'hui le
désagrément qui vous arrive. — Je le sais, dit la
mère repentante ; mais comment faire? — Tu vois,
mon *chéri,* reprenait madame Doré en s'adressant
à son fils, que tu es bien trop grand pour rester avec
ta mère nourrice et ton frère de lait. Il faut demeu-
rer chez tes parents, parce qu'il est nécessaire que tu
reçoives de l'éducation... — Je veux m'en aller avec
maman Bois et *frère Joseph!* répond Ernest. — Cela
ne se peut, mon amour. N'aimes-tu donc pas ta
maman, ton papa? — Et tous les deux lui présentent à la fois des gâteaux. L'enfant les repousse et ne
réplique rien. — Ernest, dit encore le père, reste
ici, je te donnerai une belle montre. — Ernest
branle la tête et se colle contre sa nourrice et frère
Joseph, qu'il ne veut pas abandonner. — Que faire?

— La position était embarrassante. La nourrice pleurait d'attendrissement; les deux frères de lait s'en aperçoivent, lui sautent en même temps au cou, et essuient ses larmes avec leurs baisers. — Toute la société de mon maître, témoin d'une scène aussi touchante, engage M. Doré et sa dame à temporiser. Monsieur prend la main de son fils et la lui serre en signe d'amitié; il l'assure qu'il ne veut le séparer ni de sa nourrice ni de son frère de lait; que tous les jours il les verra... M. Doré me fait placer une petite table dans un angle du salon; je l'ai bientôt couverte de friandises; madame Doré y conduit son fils et lui dit que tout cela est pour lui... — Et aussi pour Joseph et *maman Bois*, reprend-il; puis aussitôt mon espiègle prend les gâteaux, les bonbons, en remplit les poches de son camarade et le tablier de sa maman Bois, ne se réservant rien pour lui. Cela fait, il leur dit : Allons-nous-en; et il se dispose à sortir. — Quel détestable caractère! prononce à demi-voix M. Doré, qui était au bout de son rouleau; la jolie éducation que mon fils a reçue là! Madame Doré était toute pensive... Voilà votre ouvrage, lui dit monsieur son oncle, au lieu de la consoler. On ne put séparer les deux enfants, ni même tenter de renvoyer la nourrice sans eux. Il fallut attendre, et le temps s'écoula encore.

Toutefois Joseph et Ernest employaient leurs journées dans l'atelier du menuisier, jouant souvent entre ses jambes, ses copeaux, et le chat qui se mettait de la partie. — Que l'enfance est heureuse! A

voir ce petit bambin, à la tête ronde et frisée, pres-
qu'en chemise ou du moins dans un vêtement léger
(une petite blouse), un rabot à la main, essayer
ses forces et son adresse sur un morceau de planche que lui abandonnait son père, on l'eût pris pour
un de ces petits anges qui aidaient invisiblement l'Enfant Jésus dans l'atelier de saint Joseph. Ernest s'occupait autrement. Il avait fait des soldats de bois avec
le grand ciseau du menuisier. Il appelait celui-ci le
général, celui-là le tambour-major; il rangeait sa
petite armée en ligne, lui faisait faire des évolutions
assourdissantes, tandis que la nourrice, dans un
coin, raccommodait les hardes de son mari, et que
le menuisier poussait la varlope sur un bois criard et
uni qui prenait une forme dans ses mains indus-
trieuses.

» Il fallait pourtant que cet état de choses cessât;
c'était le vœu de mes maîtres; M. Ernest pris, un matin au dépourvu par l'ouvrier lui-même, avec lequel
il voulut bien sortir un moment pour aller chez un
voisin acheter quelques fruits, se trouva tout-à-coup
enlevé par M. Doré et par moi, placé dans un fiacre,
et conduit, malgré ses cris et les coups de pied qu'il
faisait rouler sur les jambes paternelles, au quai
Saint-Michel. — D'abord il ne voulut rien entendre.
Il appelait toujours *maman Bois* et *frère Joseph*. On
le laissa crier, pester, casser même quelques meu-
bles. — Comme il était gentil alors, le petit Ernest!... avec ses yeux gonflés, des larmes qui sillonnaient ses joues rosées, et ses soupirs, gros comme

de petits ballons, qui sortaient de temps en temps de sa poitrine oppressée!... — Quand l'enfant eut bien pleuré et passé ainsi presque toute la journée seul dans une grande vilaine chambre, entouré de joujoux de toute espèce, qu'il ne regardait seulement pas, tant son chagrin était vif... il commença à s'apercevoir qu'on ne faisait point attention à lui... Se sentant l'estomac vide, il se mit à bâiller, en allongeant ses petits bras : — Oh! que j'ai faim! s'écriat-il. C'est là où on l'attendait : une bonne qui, à travers la porte, épiait tous ses mouvements, se présente avec une assiettée de potage chaud, dont l'odeur et la bonne mine réjouissaient la vue en excitant l'appétit. — Mangez ceci, lui dit la servante avec douceur, en lui passant au cou une serviette bien blanche qu'elle étendit sur son estomac. — M. Ernest, que la faim talonnait, se laissa faire et mangea; mais, dès qu'il eut satisfait ses besoins, il recommença son ramage de *maman Bois* et de *frère Joseph*. On le laissa crier; épuisé, il tomba sur un canapé placé dans la chambre, et s'y endormit. Je n'étais pas loin de là; j'avais mes instructions et je veillais sur lui. Dans son sommeil il appelait encore sa nourrice, son frère de lait, son *père Bois*; il n'était nullement question de ceux qui lui avaient donné la vie. A son réveil, qui eut lieu vers le soir, madame Doré s'étant présentée, il courut se cacher derrière un des rideaux du lit de la chambre; monsieur son père n'osa l'approcher dans la crainte d'en être aussi mal reçu. Force fut donc d'envoyer cher-

cher encore une fois la nourrice et son fils; enfin,
par une de ces capitulations étranges, mais qui pourtant ne sont pas impossibles, M. Ernest consentit à
entrer dans une maison d'éducation, à la condition
que maman Bois et frère Joseph iraient tous les jours
le voir. On fut obligé, pendant les premières années,
de lui tenir parole, sans quoi l'enfant n'eût rien fait
du tout. Peu à peu il s'habitua cependant à les voir
moins souvent; tous les jeudis et les dimanches il
fallait qu'il les trouvât chez son père ou qu'il allât
passer la journée avec eux chez le menuisier. Le petit
bonhomme, qui même avait des dispositions à apprendre tout ce qu'on voulait, ne travaillait qu'autant
qu'on lui promettait, comme récompense de sa do-
cilité, la vue de sa chère nourrice et de son cher
frère. Ceux-ci, de leur côté, lui rendaient amplement
la pareille; car la bonne mère Dubois l'aimait autant
que son propre fils, et celui-ci ne connaissait rien au
monde qu'il pût comparer au frère Ernest.

» Les deux jeunes gens, de plus en plus attachés l'un
à l'autre, achevèrent leur éducation. Ernest ne parlait
que de guerres, batailles, et ne rêvait qu'à la gloire,
tandis que son camarade, modeste dans ses goûts, ne
pensait qu'à son état de menuisier, qu'il exerçait avec
intelligence, et à l'unique bonheur de rendre ses parents heureux. Ceux d'Ernest étaient fiers des progrès
de leur fils; dans l'état prospère où la fortune les
plaçait, ils songeaient pour lui au plus brillant ave-
nir, quand la révolution vint un peu déranger leurs
plans.

» Joseph et Ernest approchaient de l'âge de la conscription. Il n'était alors question en France que du
succès de nos armes. Ernest n'entendait point crier
dans les rues de Paris les bulletins de nos victoires
sans éprouver les émotions les plus belliqueuses, dont
ses parents, surtout sa mère, frémissaient, n'ayant
que lui d'enfant. Toutefois le moment du tirage au
sort approchait. On était en 1801, époque glorieuse
sans doute pour la France, mais qui n'alimentait sa
gloire qu'en envoyant aux armées beaucoup de soldats. Malheur alors au père infortuné sans grands
moyens ; les remplaçants étaient rares et à des prix
exorbitants. Les familles se sacrifiaient et ne sauvaient
pas toujours leurs enfants. La position du menuisier
Dubois était affreuse, tandis que le riche M. Doré
restait assuré de trouver un homme pour son fils.

» Cependant M. Ernest paraissait tout joyeux ; son
parti semblait être pris. Il avait un projet dont il ne
faisait part ni à père ni à mère ; pas même à moi, son
fidèle François ; car je l'ignorais. Quoique mon maître
aimât passablement l'argent, il supputait déjà celui
qu'il lui faudrait pour faire remplacer son fils, dans le
cas où le sort le forcerait à servir la patrie.

» Pendant que M. Doré songe aux espèces qui lui
sont nécessaires pour le rachat de son unique enfant,
le menuisier se lamente et ne sait qu'imaginer pour
empêcher le sien de partir. Un jour que la nourrice
était au marché, l'ouvrier et son fils causèrent ensemble. Voici leur conversation que le jeune homme m'a
rapportée,

LE PÈRE.

Hé bien! Joseph, voilà la conscription qui s'approche...

LE FILS.

Oui, mon père...

LE PÈRE.

Tu es grand et vigoureux...

LE FILS.

Oui, mon père; et, si je tombe au sort, je serai soldat.

LE PÈRE.

C'est fâcheux; ton état est fait : à présent tu pourrais être utile....

LE FILS.

A mon père, à ma mère, qui ont toujours été si bons pour moi.

LE PÈRE.

Mon pauvre garçon! Si nous étions plus avancés encore, on pourrait penser à t'avoir un homme..... Mais en fondant tout notre avoir nous ne ferions seulement pas le quart de la somme nécessaire à un remplaçant...

LE FILS.

C'est vrai....

LE PÈRE.

Si M. Doré voulait.... mais il est avare; et d'ail-

leurs la somme serait trop forte ; jamais nous ne pour-
rions la lui rendre. Si son fils... il a un empire absolu
sur sa mère....

LE FILS.

Qui ne dispose de rien. D'ailleurs mon frère ne
peut-il pas lui-même amener un mauvais numéro, et
être obligé de partir ?...

LE PÈRE.

Tu as raison... Pourtant nous lui en parlerons ;
veux-tu ? Car, tu le sais, mon pauvre Joseph, sans
être vieux, je suis souvent malade ; je travaille peu.
Toi, tu es bon ouvrier : si Dieu m'appelait à lui, tu
serais le soutien de ta mère...

» Ici le père et le fils, attendris jusqu'aux larmes par
l'aveu de leur situation réciproque, se jetèrent dans
les bras l'un de l'autre. — Ils y étaient encore quand
Ernest entra dans l'atelier.

» Ce jeune homme, depuis qu'il avait terminé ses
études, ne s'occupait plus qu'à monter à cheval,
faire des armes, tirer le pistolet ou visiter son frère
de lait et sa nourrice. Il était bien rare qu'il fût un
seul jour sans les voir. Lorsqu'il arrivait au moment
du déjeuner, il prenait place à la modeste table de
l'artisan, et partageait avec délices leur frugal repas.
M. et madame Doré éprouvaient peu de contentement
de cette familiarité, qui n'allait point avec leurs idées
de fortune et de grandeur. Mais M. Ernest était leur
unique enfant, un excellent sujet ; son éloge se trouvait dans toutes les bouches. Comment vouloir, après

cela, le contrarier? Le père aurait voulu aussi qu'il s'occupât de son état d'orfèvre; mais monsieur son fils n'aimait que l'argent monnayé, et avait une horreur marquée pour les lingots qu'il fallait peser et distribuer aux ateliers pour la fabrication des pièces d'orfévrerie dont le père faisait toujours un grand commerce.

» Revenons.

» Ernest, dans la boutique de l'artisan, voit son père nourricier et Joseph qui pleurent en s'embrassant. Ce spectacle l'émeut. — « Que se passe-t-il donc ici, père? s'écrie-t-il. » Et, prenant la main de Joseph : — « Aurais-tu des secrets pour moi, frère?

JOSEPH , se remettant.

Ce n'est rien, Ernest... Un épanchement de sensibilité...

ERNEST.

Oui!... Ah! du mystère... c'est fort bien!

JOSEPH.

Ne te fâche pas, frère, tu sauras tout.

LE PÈRE.

Excusez, monsieur Ernest. Pendant que ma femme est sortie, nous parlions, Joseph et moi, de la conscription, et de la possibilité d'un mauvais numéro pour votre frère de lait : alors, voyez-vous, ça nous attristait... Je ne suis pas bien portant; mon fils m'est utile encore plus qu'à l'Etat.... et, s'il partait, sa mère en mourrait... Quant à moi, mon cher enfant, je m'en vais tous les jours... ma faiblesse est visible.

ERNEST, prenant la main du père et du fils.

Hé bien! moi, ne suis-je pas là?

LE PÈRE.

Oh! ça, c'est vrai; et vous êtes si bon, monsieur Ernest! Mais monsieur votre père... vous lui devez respect et obéissance...

ERNEST.

Je sais cela; de plus, que mon père est un peu dur à la détente. Cependant, sans manquer au respect qu'on lui doit....

JOSEPH, timidement.

Toi-même, mon ami, ne peux-tu pas être désigné par le sort!...

LE PÈRE.

Oh! dans ce cas, monsieur Ernest n'a rien à redouter. Un homme dût-il coûter cent mille francs, M. Doré ne laisserait pas son fils devenir soldat.

ERNEST.

Pourquoi pas? Suis-je fait d'une autre chair que les autres?

JOSEPH, tremblant.

Quelle est ta pensée, frère? Tu me fais frémir.

ERNEST, avec force, après une minute de réflexion.

Joseph, sois tranquille, tu ne partiras pas; c'est moi qui te le dis!...

» En prononçant ces mots, le fils de mon maître avait un air de conviction qui tranquillisa un peu le menuisier et son enfant. *Maman Bois* étant arrivée, on se mit à déjeuner. Ernest se plaça entre son frère de lait et sa nourrice, et, pendant tout le repas, parut fort gai.

» Plusieurs jours de suite, mon jeune maître alla chercher Joseph; ils sortaient ensemble et passaient quelques heures dehors. Enfin le moment du tirage de la conscription arriva. M. Doré se trouvait dans ce moment assez indisposé et gardait le lit : l'oncle de Madame n'existait plus. Je fus donc désigné pour accompagner le jeune homme et le fils du menuisier à l'Hôtel-de-Ville. — Depuis longtemps M. Ernest avait annoncé à ses parents que le goût décidé qu'il avait pour l'état militaire lui faisait désirer de tirer un des premiers numéros, et que, s'il lui arrivait, il ne voulait pas être remplacé. Son père et sa mère eurent beau faire, ils ne purent l'amener à changer d'idée; et je crois bien que c'est ce qui causait la maladie de mon maître au moment fatal.

» Nous arrivâmes ensemble dans la grande salle où l'on opérait le tirage. — Nos jeunes gens se placèrent à leur rang, un peu loin de moi. — Chaque arrondissement de Paris formait un groupe de plusieurs conscrits. — Chacun était appelé à son tour.

Celui de M. Ernest et celui de Joseph arrivèrent ; les deux frères de lait se tenaient par la main. Doré, Dubois sont nommés. J'attendais la décision du sort avec une grande anxiété, tandis que le fils de l'orfèvre, la figure radieuse, semblait être sûr d'obtenir un numéro gagnant à cette loterie infernale qui devait briser le cœur d'une mère. Cette seule pensée me donnait des crispations de nerfs. M. Ernest s'avance et tire. Son numéro déroulé se trouve être celui le plus éloigné de la série, et sans danger pour lui. Joseph, tout tremblant, s'approche à son tour. Il amène 50, un numéro partant ; mais aussitôt, et plus vite que je ne le dis, le billet de M. Ernest est échangé et appelé à la place de celui de Joseph. Cet échange et les noms proclamés à haute voix se firent si promptement que je n'eus pas le loisir de remarquer le trait de générosité de M. Ernest, et que le père de Joseph, qui venait d'arriver, s'en aperçut à peine. — Je suppose que M. Doré fils avait été favorisé dans ses vues par quelqu'un du bureau, avec lequel il s'était concerté à l'avance. — Pour moi, je ne fus pas dupe du stratagème ; et je voulus, en conséquence, élever la voix comme représentant mon maître ; j'en appelai même à la justice de MM. Dubois père et fils pour faire rétablir les choses dans leur ordre naturel, quand tout-à-coup M. Ernest me ferma la bouche avec sa main, en m'assurant que, si je disais un seul mot, il me désavouerait, me renoncerait pour toujours, et que cela ne l'empêcherait pas de partir pour l'armée, parce que c'était sa vocation. — Malgré tout ce qu'il put dire, son dévouement n'échappa à personne; et je vis le moment que les deux frères de lait, qui s'embrassaient cordialement, entourés par une foule de jeunes gens qui applaudissaient, allaient être portés en triomphe... — La modestie de M. Ernest et son ingénieux mensonge lui firent éviter cette espèce d'ovation, et tous quatre nous sortîmes de la foule.

» Que vous dirai-je de plus? Ce cher et vertueux enfant partit malgré les larmes de sa mère, celles de sa nourrice et de son frère Joseph, qui ne pouvaient se consoler de perdre un aussi généreux ami. — M. Doré, tout triste et mécontent qu'il était en voyant son fils unique l'abandonner pour la gloire, paraissait fier pourtant de ce qu'il avait fait : un espoir lui restait encore; c'est qu'il comptait que le rude métier que faisaient alors nos soldats le dégoûterait du service, et qu'il demanderait de lui-même à revenir.

» M. Doré toutefois ne s'endormit pas. Etant fournisseur et orfèvre du premier consul et de plusieurs généraux, il leur recommanda son fils avec instance pour être employé dans les états-majors où l'on court moins de danger. — Cela ne faisait pas le compte du jeune Ernest, qui se disait né pour la guerre, et qui voulait la faire.

Mon maître était un beau militaire, son éducation avait été soignée; on le disait adroit aux armes et plein de courage. Il entra dans un régiment de dragons et voulut faire partie des escadrons de guerre. Il se rendit à l'armée, où bientôt on parla de

lui avec éloge : il fit plusieurs campagnes. On le vit
partout où il y avait du danger et de la gloire à
acquérir ; et il gagna successivement, sur les champs
de bataille, sa décoration et ses grades.

» Il y a un peu plus d'une année que, se trouvant
au camp de Boulogne, il prit part, quoique officier
de dragons, à un petit combat qui eut lieu en mer :
le détachement dont il faisait partie fut surpris par
des forces supérieures ; après s'être défendu comme
un lion, il fut obligé de se rendre.

» Nous sûmes, peu après, qu'il avait été fait
prisonnier et conduit à Porstmouth : c'est de ce port
que sa famille reçut de ses nouvelles. — M. Doré,
ami de M. Lafitte, le banquier et le correspondant
des Français à Londres, le recommanda si bien que
M. le capitaine Doré reçut tout l'argent qu'il pouvait
désirer. »

Le bon serviteur s'arrêta en cet endroit, en me
disant : — « Mais si je ne me fatigue pas à conter, je
crois qu'il n'en est pas ainsi de vous à m'écouter ;
puis vous devez être fatigué. D'ailleurs vous connais-
sez mieux que moi, à présent, la suite des aventures
de M. le capitaine Doré. Ainsi donc, Monsieur,
bonsoir et bonne nuit ; — et vous autres, mes chers
amis, à demain. »

A demain ! répétèrent les auditeurs satisfaits, et
tout pleins du désir de retrouver celui qui faisait le
charme de leurs soirées.

QUATORZIÈME VEILLÉE.

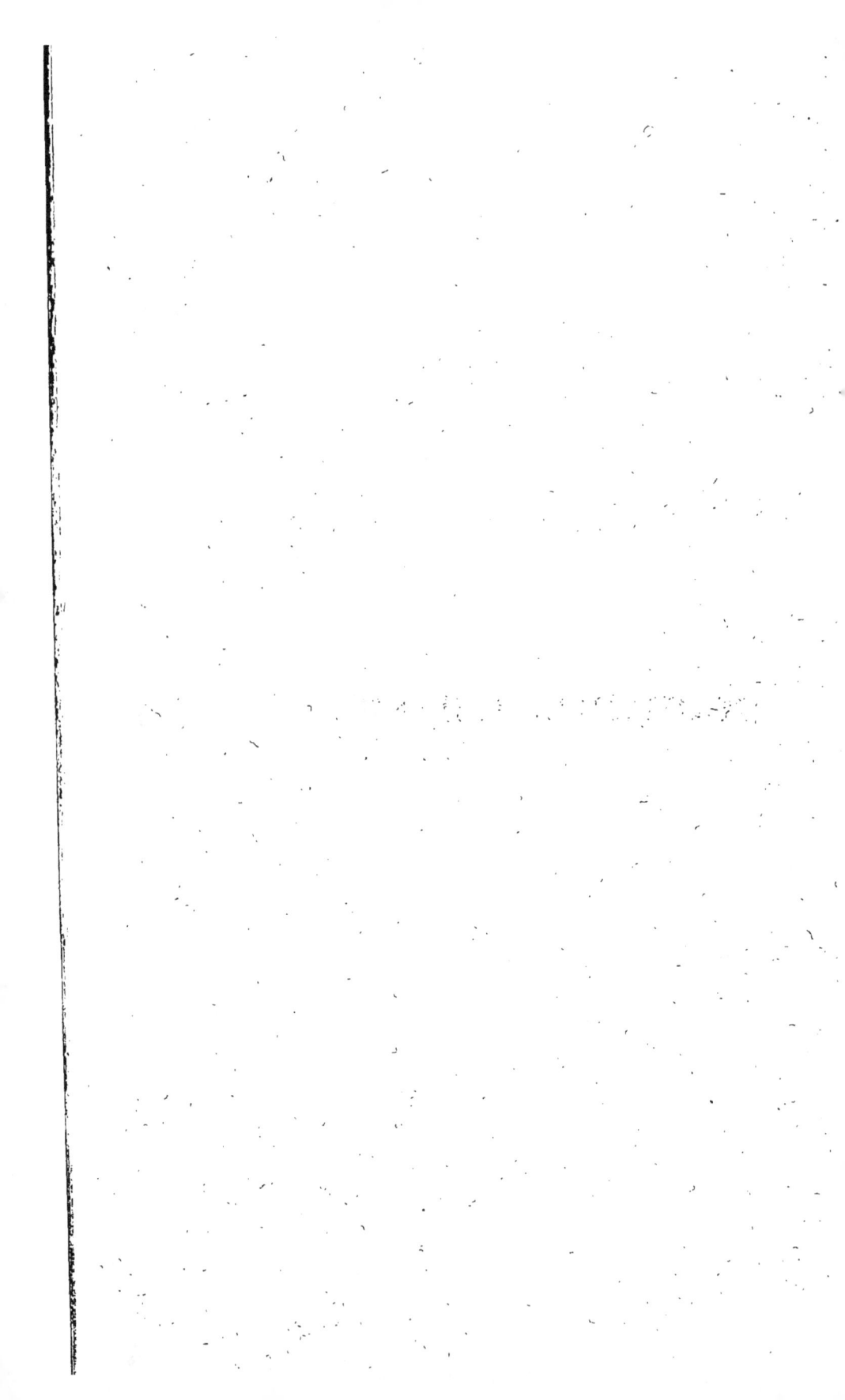

LA BÉNÉDICTION D'UNE MÈRE.

J'ÉTAIS pressé de revoir ma vieille mère, qu'on disait malade. Aussi, après m'être présenté au ministère de la guerre pour apprendre à ses bureaux que je vivais encore, et avoir fait mes adieux à M. le capitaine Doré, que je revis plus tard colonel, au moment où je venais, moi, d'être nommé sergent de grenadiers et de recevoir la croix, je m'acheminai vers mon village avec une feuille de route, une

permission d'un mois, et 200 francs de gratification
dans ma poche pour avoir quitté heureusement et
sans effort le service des pontons anglais. — J'arrivai
à temps pour embrasser ma brave mère. Elle jouis-
sait de toute sa connaissance, et me mouilla le visage
de ses larmes; elle entra avec moi dans les plus
petits détails de ses affaires domestiques; puis, me
regardant avec le calme du juste qui voit le ciel
s'ouvrir pour lui, et Dieu qui l'attend : « Mon fils,
me dit-elle, je meurs contente, puisque je te revois.
Tu as été soldat, bon et honnête soldat, j'en suis
sûre. Le métier de la guerre est un rude et sangui-
naire métier, mon enfant! Mon grand-père, qui
aussi l'avait fait, me l'a dit souvent : mais le soldat,
s'il est l'ange exterminateur envoyé par le Très-Haut
pour châtier quelquefois les hommes, en est aussi le
consolateur et le soutien. J'aime à croire, mon fils,
que dans les batailles, dans les prises et le sac des
villes, tu n'as point souillé ta gloire par des actions
indignes de ton cœur et de ton nom; que tu as
protégé la jeune fille, soutenu le vieillard. — Je
vous le jure, ma mère. — C'est bien, mon fils, reprit
la digne femme. Puis, imposant ses mains trem-
blantes sur ma tête, que je courbais devant elle, à
genoux, comme si j'eusse été en face de Dieu même,
elle me dit d'une voix sonore : « Adieu, mon fils!
je te bénis!... » — C'était le dernier effort de la
nature : ma mère n'existait plus! Je m'approchai et
lui fermai les yeux. Semblable aux anges, dont elle
avait été l'image sur la terre qu'elle quittait, ma

mère retourna dans le sein de notre divin Créateur,
où j'espère la rejoindre bientôt...

— Ici le vieux sergent s'arrêta pour essuyer les
larmes qui se frayaient un passage à travers ses
paupières... Son auditoire, dans un silence religieux,
attendit qu'il reprît sa narration.

Après avoir rendu les derniers devoirs à celle qui
m'avait donné l'être, je pris connaissance de sa
succession. Ses affaires étaient parfaitement en règle ;
mais la longue maladie de mon père, la sienne... un
médecin, une ancienne servante, un ouvrier qui
avait soigné et qui cultivait encore notre petit domaine, tout cela avait coûté. Après avoir satisfait à
mes obligations, il me resta bien peu d'argent comptant ; toutefois j'étais riche, car je ne devais rien. Je
mis la vieille ménagère, compagne de ma mère,
et le journalier que nous occupions, en possession
provisoire de ma maisonnette et de ma métairie,
afin de marcher plus librement à de nouveaux combats, à de nouveaux hasards, vers lesquels je me
sentais toujours entraîné.

Mon régiment se trouvait en Prusse ; mon congé
étant expiré, j'allai pédestrement le rejoindre. Cette
petite promenade de quatre cents lieues dura deux
grands mois ; mais j'arrivai assez à temps pour prendre ma part de la moisson de lauriers que nos armées
faisaient de tous côtés dans les champs de la gloire.

— Ce récit, quoique court, avait procuré au vieillard une émotion telle qu'il lui devint impossible de continuer sa narration, et qu'il pria ses auditeurs de remettre à la veillée suivante ce qu'il avait à leur raconter sur les grandes batailles auxquelles il avait pris part.

Dessin de Martinet.

Eau forte de Couché.

Fini Eldon.

MORT DU MARÉCHAL NEY.

QUINZIÈME VEILLÉE.

PROMENADES MILITAIRES EN EUROPE.

Batailles d'Austerlitz, d'Iéna et d'Eylau.

Je me trouvai successivement à plusieurs affaires mémorables. Je ne vous en donnerai pas le détail ; ce serait trop long pour vous et pour moi. Seulement je vous dirai en gros comment les choses se passèrent, et ce qu'il y eut de plus remarquable. D'abord je commencerai par la bataille d'*Austerlitz*, qui se donna le 2 décembre 1805, à laquelle je coopérai, et qu'on appela la bataille *des Trois Empereurs*.

parce que les empereurs Français, d'Autriche et de
Russie s'y trouvèrent en personne. Napoléon commandait notre armée : nous avions les Autrichiens et
les Russes pour adversaires. Quelques combats d'a-
vant-postes leur avaient enflé le cœur ; et une cen-
taine de dragons du 6ᵉ étant tombés entre les mains
des Russes, ceux-ci crurent dès lors avoir bon marché du reste. L'empereur des Français avait prévu
d'avance comment il serait attaqué. Il fit choix d'un
terrain sur lequel il espérait pouvoir combattre avec
avantage. Déjà même, pour s'assurer du nombre
et des projets de l'ennemi, le général Savary, un de
ses aides-de-camp, était allé au quartier-général des
deux souverains, sous le prétexte de complimenter
l'empereur de Russie. Le mouvement offensif de
l'armée combinée eut lieu pendant que Savary rem-
plissait sa mission. Ce général, à son retour, an-
nonça qu'il avait reçu un accueil distingué d'Alexandre et de son frère Constantin ; mais que rien n'égalait
la jactance et la présomption des jeunes officiers
russes qui entouraient le monarque. Ces officiers se
moquaient ouvertement de la circonspection des
vieux généraux autrichiens, qui avaient appris à
leurs dépens à être prudents avec le vainqueur
d'Italie. — A les entendre, les dispositions de Bonaparte, les irrésolutions de ses mouvements, qui
n'avaient lieu que pour mieux tromper ses adversaires, en cédant aussi facilement le terrain après une
seule attaque d'avant-garde, annonçaient assez ses
craintes. — Napoléon sourit du rapport de son

aide-de-camp : il voyait avec plaisir que son stratagème réussissait.

La veille, vers le milieu du jour, Napoléon monta
à cheval, accompagné des maréchaux Soult, Bernadotte et Bessière, parcourut les rangs de l'infanterie
et de la cavalerie de sa garde qui étaient sous les armes dans la plaine. Il faisait un peu de soleil, une
belle journée. L'empereur, après s'être encore
avancé jusque sur la ligne des tirailleurs, rentra dans
sa baraque, construite au milieu de sa garde sur un
plateau, afin de prendre ses dispositions pour la
bataille du lendemain, et une proclamation à l'armée
fut mise à l'ordre le soir. L'empereur, du haut de
son bivouac, reconnaît avec sa lunette l'armée russe
commandée par Kutusow qui se met en mouvement,
à deux portées de canon de ses avant-postes, pour
nous tourner. « Avant demain soir, dit-il au prince
Berthier et à ceux qui l'entouraient, cette armée sera
détruite et à moi. » — Il la laisse tranquillement
s'étendre sur un espace de quatorze lieues, parais-
sant lui-même intimidé de l'approche des forces immenses qu'il doit combattre, et craindre de sortir de
sa position. A la nuit, Napoléon, voulant connaître
l'effet que sa proclamation a produit, s'approche à
pied de quelques bivouacs, couvert simplement de sa
redingote grise. Il est bientôt reconnu ; on se rappelle que le jour suivant est l'anniversaire de son cou-
ronnement, et plusieurs soldats imaginent de prendre
la paille sur laquelle ils reposent et d'en faire des feux
de joie en forme de fanaux qu'ils placent au bout de

leurs fusils. En un instant toute la ligne a suivi cet exemple, et cinquante mille baïonnettes éclairent le front de bandière que parcourt l'empereur au bruit des vivats, répétant que le lendemain l'armée lui donnera un bouquet digne de lui. Napoléon, touché de tant de marques de dévouement, s'écria : — « Voilà la plus belle soirée de ma vie!...» — Rentré à son bivouac, il s'assied sur une botte de paille, près du feu que venait de lui arranger Rustan, son Mameluck. Il se mit à écrire et à faire des combinaisons toute la nuit, une carte déployée devant lui, entouré d'aides-de-camp et d'officiers d'ordonnance qui, placés à quelque pas, le regardaient en silence en attendant ses ordres. — Napoléon était à cheval à une heure du matin, donnant ses dernières instructions à nos maréchaux, qui retournent, chacun au galop, reprendre leur commandement; puis, parcourant nos rangs échelonnés corps par corps, division par division, dans un ordre admirable, il nous dit : «Soldats, il faut confondre l'orgueil de nos ennemis, et finir cette campagne par un coup de tonnerre qui les anéantisse tous!...»

L'armée française se composait d'environ soixante-dix mille hommes; la réserve était en partie de la garde impériale, forte de vingt bataillons, dont dix de grenadiers, soutenus par quarante pièces de canon.

L'ennemi avait à nous opposer plus de cent mille combattants, une artillerie formidable et une cavalerie nombreuse; car le prince Lichstenstein com-

mandait quatre-vingt-deux escadrons de cavalerie,
près de vingt mille hommes. La nôtre, sous les ordres
de Murat, lui était inférieure en nombre, mais bien
supérieure en bravoure. Une partie de l'armée combinée quitta les hauteurs pour descendre dans la
plaine, et s'y déployer contre nous avec plus d'avantage. — Ce mouvement inconsidéré éclaire Napoléon,
il en profite, donne ses ordres, et Davoust fait ron-
fler le canon ; Murat s'avance avec sa cavalerie, tandis que Lannes fait marcher en avant la gauche qu'il
commande et va la placer par régiments, en échelons,
comme s'il fallait faire l'exercice. Une canonnade
épouvantable s'engage alors sur toute notre ligne. —
Deux cents pièces d'artillerie, près de deux cent mille
hommes, font un carnage à assourdir les oreilles les
mieux organisées. — Le tapage est affreux ; c'est un
combat d'enfer impossible à décrire. — Beaucoup de
grenadiers russes, malgré leur intrépidité et leurs bonnets pointus, finirent par être renversés. Les empereurs de Russie et d'Autriche, placés sur les hauteurs
d'Austerlitz comme pour voir un spectacle, et quel
spectacle ! ne tardèrent pas à être témoins de la dé-
confiture de la presque totalité de leur armée. —
Leur gauche, poussée sur tous les points vers un
grand lac gelé, croit pouvoir confier son salut à
l'épaisseur de la glace. — Napoléon, dont le coup
d'œil d'aigle embrasse tout, s'aperçoit du mouvement
et fait avancer une batterie ; la glace est brisée à grands
coups de canon, et vingt mille de nos ennemis sont
engloutis dans ce lac glacé. — La réserve russe, et

sa garde impériale commandée par le prince Constantin, portent un instant le désordre et l'effroi dans nos rangs : elles se trouvent tout-à-coup en présence de la cavalerie de la garde impériale française, que Napoléon fait avancer pour appuyer le mouvement offensif du maréchal Bernadotte (1), et qui était conduite par le maréchal Bessière. — L'intrépide général Rapp et le brave colonel Morland, qui commandent les *chasseurs*, *mamelucks* et *grenadiers à cheval*, repoussent vigoureusement les Russes, et leur font éprouver des pertes énormes. Le prince Repnin, l'un des colonels des chevaliers-gardes, est blessé et fait prisonnier par le général Rapp ; un certain nombre d'officiers et de cavaliers éprouvèrent le même sort. La garde impériale russe, ainsi maltraitée, se retire sur Austerlitz, auprès de son empereur. La déroute commence dès lors à devenir générale ; c'est à qui se sauvera ; les caissons, les canons démontés, les hommes et les chevaux, morts ou blessés, couvrent le champ de bataille, tandis que des groupes nombreux de nos braves suffisent à peine à rassembler et à conduire les prisonniers devant Napoléon. Les deux empereurs d'Autriche et de Russie, après s'être donné beaucoup de peine pour réunir tout ce qui échappa du champ de bataille, se retirèrent derrière Austerlitz, et l'armée victorieuse couronna la position occupée, la nuit précédente, par l'armée vaincue. La perte de nos adversaires, dans cette bril-

(1) Mort roi de Suède sous le nom de Charles-Jean.

lante journée, s'éleva à quarante mille hommes mis
hors de combat et trente mille prisonniers; ils perdirent en outre cent cinquante pièces de canon et
quarante drapeaux; vingt généraux furent tués ou
pris. Les Français eurent environ cinq mille hommes
tués, blessés ou prisonniers. — Vingt mille de nos
soldats n'avaient pas brûlé une amorce.

L'empereur François demanda une suspension
d'armes; Alexandre ordonna la retraite. Quant à
moi, qui reçus d'un cosaque une estafilade au bras,
j'allai me guérir à l'hôpital, puis je rentrai au
régiment; mais comme ma vue restait toujours
faible, et que ma santé, par suite de mon séjour
en Angleterre, n'était pas des plus solides, je fus
reprendre mon poste jusqu'à nouvel ordre chez le
quartier-maître, qui, cette fois, augmenta mon trai-
tement en raison de nos succès, et me promit
15 francs par mois. — J'appris en même temps que
le capitaine Doré avait fait des prouesses et reçu la
croix à la bataille d'Austerlitz.

Victor, passé aux Mamelucks, était aussi devenu
maréchal-des-logis en recevant la décoration. J'avais
établi avec ces messieurs une correspondance qui,
du côté de Victor, devint assez active. Il me mettait
au courant des succès de nos armes en Allemagne, et
j'en éprouvais une vive satisfaction; car, mes amis,
voyez-vous, la patrie avant tout!

Je flânai quelque temps de garnison en garnison,
et revins en France avec mon dépôt qui se recrutait
à Strasbourg. J'y demeurai pas mal de temps. — Ce

fut là que j'appris nos nouveaux triomphes, et, à son
tour, la déroute du roi de Prusse. Mon camarade,
l'ancien tambour, me donna le premier avis de notre
victoire d'Iéna.

BATAILLE D'IÉNA.

Victor me marquait que l'armée prussienne s'était
mise en mesure de résister à Napoléon, en déployant
devant lui et nos braves ses colonnes les plus vail-
lantes, formant une masse de cent cinquante mille
hommes; mais que ç'avait été comme s'il chantait; et
que Ney, Soult, Murat et d'autres gaillards de cette
trempe lui en avaient fait voir de toutes les couleurs,
en tuant ou blessant vingt mille hommes de ses troupes, en lui en prenant trente mille autres, et plus
de cent canons; des drapeaux de quoi garnir toutes
les croisées de nos casernes; tous ses magasins, ses
bagages; quatorze mille Prussiens, d'un seul coup,
effrayés au dernier point de nos baïonnettes, mirent
bas les armes à Erfurth. Cette mémorable bataille
eut lieu le 14 octobre 1806; et, le 27 du même mois,
Napoléon faisait son entrée à Berlin. — A cette
nouvelle, qui remuait fortement mon humeur belli-
queuse et mes intérêts de gloire, je repris mon
sac et retournai joindre mon régiment, qui tenait
garnison déjà dans la capitale de sa majesté prussienne. On y logeait chez le bourgeois; et ces braves
gens, qui avaient peur de nos shakos, ne man-

quaient point de faire patte de velours. Je tombai
chéz un honnête luthier qui vendait toutes sortes
d'instruments ; à l'heure du dîner, il lui prenait quelquefois la fantaisie de me régaler d'airs de basse ou
de trombone, ce qui ne m'emplissait guère le ventre :
mon camarade et moi nous trouvant passablement
fatigués de sa musique et de ses pommes de terre
à l'eau, sans sel, demandâmes à changer de poste,
ce qu'on nous octroya ; et nous allâmes nous établir
chez un digne juif qui faisait le commerce de prêter
à la petite semaine. — Là nous étions un peu
mieux... Mais arriva le moment où il nous fallut
détaler pour courir après les Russes, qui, non con-
tents de la frottée que nous leur avions administrée à
Austerlitz, venaient renforcer les Prussiens battus,
pour être encore battus à leur tour, ainsi que vous
l'allez voir.

BATAILLE D'EYLAU.

Comme j'assistai en personne à cette immortelle
bataille, je vous en parlerai savamment. Ce fut le
8 février 1807 qu'elle eut lieu.

Nous étions soixante-dix mille Français environ,
et nous soutînmes le rude choc de plus de quatre-
vingt mille Russes, pendant qu'il tombait de la neige
brillante mais très épaisse. — On se cogna de part
et d'autre avec un acharnement incroyable. Ces

diables de bonnets pointus de Moscovites tenaient en
place comme des murailles de bronze qu'il fallut
démolir avec le canon. Enfin, à force de persévérance et de courage, nous vînmes à bout, encore
une fois, des soldats d'Alexandre... Enfoncés! —
Vingt-cinq mille ennemis furent tués, blessés ou pris.
— Notre perte aussi n'était pas mince ; car seize de
nos généraux allèrent trouver le Père Eternel pour
préparer les logements à quinze mille de nos braves.
Cette bataille horrible est la plus sanglante que j'aie
jamais vue. La lance d'un Cosaque m'embrocha
encore l'épaule. Laissé comme mort sur le terrain,
ce ne fut que dans la tournée que Napoléon vint
faire après l'action, au milieu des cadavres, qu'on me
ramassa.

Nos ambulances ne pouvaient suffire à recevoir les
blessés, et il n'y avait pas assez de scies et de chirurgiens pour opérer les amputations nombreuses qu'il
fallait faire. La terre, couverte de neige et semblable
à un vaste linceul, contenait les morts et les mourants, sans compter des milliers de jambes et de bras
amoncelés çà et là. — J'eus le bonheur d'intéresser
un paysan, en lui montrant quelques frédérics d'or
dont je ne manquais point. Sa chaumière, où l'on
m'avait déposé avec beaucoup d'autres soldats blessés, devint pour moi l'asile de la paix et de la santé.

LE PAYSAN PRUSSIEN.

Le brave homme avait avec lui une sœur et une jeune fille ; ses deux fils servaient leur roi, et faisaient partie du reste d'armée qu'il conservait encore. Les deux femmes ne se montrèrent pas d'abord : elles se tenaient cachées, et ne reparurent qu'après que j'eus été laissé seul chez le paysan, et que mes camarades eurent été placés à l'hôpital qu'on venait d'organiser. Pendant un mois, le bonhomme Fritz et ses compagnes me soignèrent avec un zèle tout chrétien ; aussi, en récompense de leurs généreux procédés, et les malins ne l'ignoraient pas, je préservai leur maisonnette du pillage auquel elle eût indubitablement été livrée sans ma présence.

Dieu aidant, je me rétablis. En quittant cette bonne famille, j'emportai le plaisir de lui avoir été utile, et la reconnaissance de ses charitables soins. Il fallut de nouveau guerroyer. Ce métier, tout glorieux qu'il soit, commençait pourtant à me lasser : je ne revenais jamais d'une affaire sans en rapporter quelques taloches ; mon corps commençait à ressembler à un crible, tant il était couvert de cicatrices, et je ne m'apercevais pas du tout que cela contribuât le moins du monde à me faire arriver aux honneurs et à la fortune. — Je n'avais obtenu jusque là que les galons de sergent et le pompon de grenadier. — Il est vrai que je faisais mon service

sans jamais rien demander; c'était peut-être un
tort; mais, si on m'oubliait, était-ce une raison
pour que moi, Français et soldat, je reculasse devant
l'ennemi?.... D'ailleurs n'avais-je pas la gloire de
servir sous le premier capitaine du monde!... En
avant donc, me dis-je, et marchons!.... peut-être
cette fois attraperai-je la croix ou un boulet; et,
après moi, la fin du monde!

Si vous voulez vous donner la peine d'attendre
jusqu'à la prochaine veillée, vous verrez quel fut le
résultat de ma résolution. Cette soirée a été assez
longue pour que nous ayons tous besoin de repos.

SEIZIÈME VEILLÉE.

NAPOLÉON

Massena	Sebastiani	Lefebvre
Augereau	Leclère	Suchet
Berthier	Desaix	Moreau
Murat	Davoust	Lamarque
Lannes	Kellermann	Macdonald
Brune	Bernadotte	Poniatowski
Bessard	Ney	Beauharnais
Bessières	Soult	Girard
Joubert	Oudinot	Lefebvre Desnouettes
Kléber	Rapp	Cambronne

Toulon, Arcole, Pyramides, Marengo &c &c &c

Millésimo	S.t Bernard	Esling
Mondovi	Montebello	Madrid
Lodi	Ulm	Wagram
Castiglione	Vienne	Niemen
Rivoli	Austerlitz	Vilna
Malte	Jéna	Smolensk
Chebrisse	Eylau	Moscowa
Aboukir	Friedland	Moscou
Sediman	Eckmühl	Brienne
Monthabor	Ratisbonne	M.t S.t Jean

SOUVENIR

GLOIRE

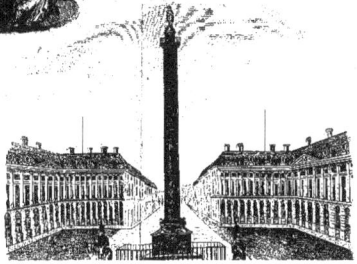

UNE ANCIENNE CONNAISSANCE.

Batailles de Wagram, d'Oeana, de Paris.

Durant la marche de mon régiment, chaque jour
amenait un combat et une victoire. Tantôt nous
bivouaquions en plein champ, tantôt nous logions
dans des granges, des églises ou des palais, suivant
l'occasion. — Je me trouvai à une bataille nouvelle,
une bataille de trente à quarante mille hommes (une
rencontre de division à division ; cela ne comptait
pas) ; ce fut presque l'affaire d'une parade. Nos

troupes, en arrivant, se mettaient en ligne comme à une revue.

Napoléon n'y était point. Un de ses lieutenants, un de ses maréchaux, qui avait gagné son bâton de commandant à grands coups de sabre, tenait sa place. Bref, on se canonne, on se fusille.... il fallait voir!... C'était imposant et curieux, tout de même.

Tandis que mon bataillon, l'arme au bras, attendait son tour de charger l'ennemi, baïonnettes en avant, un régiment de dragons passe devant nous au grand trot; il allait taper sur une batterie prussienne dont les boulets malhonnêtes s'avisaient de venir tomber dans nos rangs sans aucun profit pour nous, ce qui me chiffonnait un peu. J'étais à la tête de mon peloton, l'œil sur mon officier, prêt à exécuter le *Par flanc gauche*, ou le *Par flanc droit*, ou le *En avant, marche!* qu'il me commanderait, quand je reconnais le capitaine Doré, beau comme un soleil, dans une tenue superbe, à la tête de son escadron... Vous savez qu'il n'est pas permis de parler sous les armes; je ne pus donc lui adresser la parole; mais je lui fis des yeux!... Il me reconnut et me salua du sabre en passant sur notre front hérissé de nos baïonnettes qui n'attendaient que le moment d'agir. La charge eut lieu; les ennemis culbutés, mon régiment acheva leur déroute. Après la victoire, chaque ami, chaque connaissance s'informe de celui ou de ceux qui les intéressent; si bien que le père La Pensée et le commandant Doré se ren-

contrèrent, s'embrassèrent, choquèrent le verre
chez la cantinière, malgré la distance des grades;
mais il n'était pas fier, le brave commandant Doré,
et il buvait volontiers avec le soldat, et payait encore
pour lui. Après les premières rasades on parla de nos
exploits, de Paris, de l'armée et du grand Napoléon, vainqueur de tant d'ennemis, rien qu'en les
regardant seulement... Et chacun de nous était glorieux de se dire de la Grande-Armée! — « Oh! que
c'est une belle chose que la guerre! » disions-nous
alors, le commandant Doré et moi.... Et aujourd'hui
j'ajoute, quoique ce ne soit pas neuf : « Quand on
en est revenu. »

Or, notre empereur allait toujours son petit
bonhomme de chemin. Il était en train, voyez-vous;
et l'appétit vient en mangeant. Notre gloire croissait
avec les victoires! il est vrai que nos fatigues et nos
pertes augmentaient aussi dans la proportion : mais
qu'importe? ne nous appelait-on pas la *grande
nation?*... — *La grande nation!*... Savez-vous, mes
bons amis, que c'est beau à dire, la *grande
nation!*... Comme ces mots-là remplissent bien la
bouche!... — *La grande nation!*... Cela suppose au
moins *deux cent millions d'hommes* ensemble!... et
pourtant nous ne sommes et n'étions alors qu'une
trentaine de millions!... *O vanitas vanitatum!*
comme aurait dit mon ancien maître d'école, dont
Dieu veuille avoir l'âme.

— Il vrai que nous n'étions plus ces soldats répu-
blicains sans bas ni souliers, qui enlevaient à jeun

des redoutes en gravissant des montagnes. Nous
étions tous bien nourris, bien vêtus, bien portants
(je ne parle pas ici des estropiés), cousus d'or....
et si une vie continuelle de victoires commençait à
jeter quelque peu de monotonie sur notre valeureuse
existence, les honneurs, les richesses, la variété des
villes par où nous passions, les diverses contrées que
nous visitions tour à tour, souvent au pas de course,
quelquefois au pas de charge, ne laissaient pas que
d'être pour nous de justes compensations.

Toutefois nous approchions d'un événement encore très remarquable pour nos fastes militaires.
L'empereur avait pardonné et accordé la paix : elle
fut violée. Il fallait bien se défendre et pousser devant
nous les armées toujours guerroyantes de ses ennemis.

BATAILLE DE WAGRAM.

La bataille de Wagram a laissé chez tous les
militaires des souvenirs qui ne s'effaceront jamais.
Le 6 juillet 1809 montra quatre cent mille hommes
réunis, et rangés symétriquement en face les uns des
autres pour s'égorger ; et quinze cents pièces d'artillerie en batterie qui foudroyèrent tout un jour cette
masse de chair humaine.

L'armée autrichienne, commandée par l'archiduc
Charles, s'était déployée sur une ligne immense,
présentant un front de fer et d'airain ; ce qui ne

l'empêcha pas d'être battue et de perdre plus de soixante mille hommes, un grand nombre de bouches à feu, dix drapeaux et un bagage considérable.

Cette bataille dura douze heures. On y vit Masséna, surnommé l'*Enfant de la Victoire*, parcourir en calèche le front de bandière du corps d'armée qu'il commandait, au milieu de la mitraille, sans changer de couleur. Napoléon, que nous autres troupiers appelions le *Petit Caporal*, dirigea lui-même tous les mouvements de son armée avec son habileté ordinaire. Pendant l'action, on le vit donner des ordres au centre du feu le plus terrible avec un sang-froid admirable, et on peut dire qu'il examina tout et n'omit rien. — Ses élèves, qui, à son école, étaient devenus des maîtres habiles, le secondèrent puissamment. *Bessière, Davoust, Bernadotte, Eugène Beauharnais, Macdonald, Oudinot* et tant d'autres, les uns ducs, comtes, maréchaux, princes ou barons, ne laissèrent pas, malgré leurs nouvelles dignités, les crachats, les cordons qui couvraient leurs blessures, de remplir leur devoir et d'enfoncer partout l'ennemi.

— A cette victoire, où il y eut tant de sang répandu, j'eus le bonheur de ne rien attraper qu'une des croix que l'empereur distribua lui-même avec 250 francs de pension à ceux qu'il nommait *ses braves.*

Sur ces entrefaites, il nous arriva de France un assez bon nombre de conscrits, qui regarnirent un peu les rangs éclaircis de nos régiments par le fait de nos victoires, qui occasionnaient toujours de la *casse*. Nous avions notre dépôt à Metz; j'y fus envoyé avec quelques *clampins* (1) de mon espèce, obligés de chercher du repos à la suite de tant de conquêtes. — Ce fut après la paix de Vienne, le 14 suivant, même année, que je me mis en route avec cinquante hommes que je commandais. Je séjournai plusieurs mois avec les Messois. Mon bataillon eut alors une autre destination, et il dut traverser une partie de l'Allemagne et de la France pour se rendre en Espagne. J'y arrivai tout juste pour me trouver encore à une célèbre affaire.

BATAILLE D'OCANA [2].

Cette bataille fut gagnée par le roi Joseph, frère de Napoléon. C'était un très brave homme que *notre frère Joseph*, comme nous l'appelions, nous autres

(1) Mot nouveau imaginé par les soldats, et qui signifie blessé, boiteux, tirant la jambe.

(2) *Ocana* est situé en Espagne, dans la nouvelle-Castille, à huit lieues nord-est de Tolède, trois sud-ouest d'*Aranjuez*, et à quatorze de Madrid. — Cette ville se trouve à l'entrée de ce vaste plateau qui se lie à celui de la Manche, et s'élève insensiblement vers les monts lusitaniques. — Le nom de cette ville rappelle une grande victoire où 25,000 prisonniers tombés entre nos mains, après une assez vigoureuse défense, accompagnèrent le triomphe de Joseph dans sa capitale, en criant durant neuf lieues, et avec une persévérance qui semblait tenir de la bonne foi : *Viva nuestro Rey!* (Vive notre Roi!)

BORY DE SAINT-VINCENT, *Itinéraire d'Espagne.*)

grognards; mais il n'entendait rien à la guerre,
quoique pourtant sa contenance en face de l'ennemi
n'annonçât point de lâcheté, tant s'en faut. A mon
avis, il semblait né pour être un bon bourgeois,
ainsi qu'il l'est maintenant, plutôt que pour être roi
d'Espagne ou un grand général. — Quoi qu'il en
soit, à la bataille d'Ocana il ne perdit pas la tête,
car il tomba entre nos mains une douzaine de mille
d'Espagnols prisonniers (1), cinquante canons,
grand nombre de chariots de bagages; il resta plus
de cinq mille morts sur le carreau. Cette victoire
signalée fut remportée par nos armes le 19 novembre
1809. Le maréchal Soult, toujours habile et brave,
dirigea nos troupes et leur fit obtenir la victoire par
ses sages et savantes combinaisons.

Je restai peu en Espagne. Mon régiment alla faire
une pointe en Portugal, et j'en sortis avec Masséna
lorsqu'il se vit obligé de l'évacuer. Rentré en France,
je fis la campagne de Moscou, et en revins, comme
par miracle, sans être gelé. Enfin nous entrâmes
dans l'année 1813 : notre étoile commençait à pâlir... le zèle se refroidissait... l'époque des revers
approchait... — Il ne restait plus guère que les
vétérans à opposer à l'ennemi, avec quelques gardes
d'honneur et des conscrits. La vieille armée, qui
jamais n'avait pu être vaincue par les hommes,
l'avait été en Rusie par les éléments. — Maintenant

(1) M. Bory de Saint-Vincent dit 25,000; mais moi je ne m'en rap-
porte qu'à ce que j'ai vu.   (*Note du Père La Pensée.*)

nos rivaux allaient avoir beau jeu : ils étaient dix
contre un. Toute l'Europe marchait sur nous : il
fallait bien crier merci. Notre territoire fut envahi,
et, au commencement de 1814, je me vis obligé de
guerroyer chez nous, après avoir tant combattu,
durant vingt ans, chez les autres.

Bar-sur-Aube, Saint-Dizier, Brienne, Champ-
aubert, Montmirail, Montereau, Arcis-sur-Aube,
témoignèrent de la valeur française : et nos terres,
imprégnées du sang et des corps morts de nos
ennemis, n'eurent pas besoin d'autre engrais pendant
plusieurs années. Plus tard, nos guerriers, devenus
laboureurs, après avoir déposé le cimeterre des
batailles pour conduire la charrue, trouvaient encore, en sillonnant leurs champs, les ossements des
vaincus mêlés à ceux des vainqueurs, au milieu des
armes de vingt peuples divers.

BATAILLE DE PARIS.

Pendant les huit jours qui précédèrent le 30 mars
1814, et surtout le 28 et le 29, on vit arriver de
toutes parts, à Paris, les habitants des villes environ-
nantes, principalement ceux des campagnes, avec
des charrettes chargées d'instruments de labourage,
de bagages, et de leurs familles qui fuyaient pour se
soustraire aux brutalités d'une soldatesque en cour-
roux, gorgée d'or et de carnage. De son côté, le
peuple parisien ne conservait plus de relations au

dehors : toutes les affaires commerciales étaient arrê-
tées et suspendues, et chacun se demandait ce qu'on
allait devenir. Pourtant Paris ne se laissait point
abattre ; sa confiance dans la fortune de son chef
existait encore ; Paris était prêt à se dévouer, mais
on ne lui faisait aucun appel ; et, curieuse, soumise,
sans crainte, cette grande ville attendait son sort des
événements.

Toutefois les armées étrangères, dans le cœur de
la France, s'avançaient vers Paris avec deux cent
mille hommes de toutes armes, que conduisaient les
empereurs de Russie et d'Autriche, Alexandre et
François II, accompagnés du roi Guillaume de
Prusse, encore régnant. L'armée confédérée se composait d'Allemands, de Russes, de Cosaques, de
Prussiens, de Suédois, d'Anglais, de Bavarois, et
d'une foule d'autres nations qui se souvenaient que
nous avions été chez eux à discrétion l'espace de
vingt années. Ils venaient prendre leur revanche :
pour eux, il n'y avait pas de mal à cela ; pour nous,
il y en avait beaucoup : car la trahison qui les précéda
les suivait encore — Le prince Schwartzenberg était
généralissime ; les felds-maréchaux Barklay de Tolly
et Blücher commandaient sous lui des corps d'armée
avec une pépinière d'autres généraux.

Napoléon avait envoyé les maréchaux Marmont et
Mortier pour éclairer la marche des ennemis, et
ceux-ci les poussèrent sur Paris, qu'ils se virent dans
l'obligation de défendre. Cette ville renfermait dans
ses murs le brave et loyal maréchal Moncey. Il

11..

rassembla les gardes nationales dont il ne put armer
que huit mille hommes, quoique Paris ne manquât
point d'armes de toute espèce. On comptait également, parmi les défenseurs de la capitale, les braves
généraux Hudin, Ornano, d'Autencour, et cette jeunesse si pleine d'ardeur, les élèves de l'école Polytechnique, que l'on vit partout où existait le danger.

Les maréchaux Mortier et Marmont étaient au-
dehors avec vingt-cinq mille hommes de troupes que
commandaient sous eux les généraux Compans,
Ricard, Bordesoult, Belliard, Curial, etc. Ces troupes formaient une ligne de défense qui s'étendait de
Neuilly à Montreuil : elles couvraient ainsi les hauteurs de Montmartre, Belleville et Ménilmontant,
seuls obstacles naturels qui s'élevaient devant les
étrangers.

L'impératrice Marie-Louise venait de quitter
Paris. Le roi Joseph commandait en l'absence de
Napoléon, et avait placé son quartier-général sur les
hauteurs de Montmartre. Quelques canons furent
amenés aux barrières. On mit des réserves à celles
du Trône et de Fontainebleau : des dépôts de la
ligne (j'en faisais partie), quelques restes de la garde
impériale, grenadiers, chasseurs, dragons, mamelucks, etc., furent mis sous les ordres du brave
d'Autencour : ce petit corps ne se composait que de
trois cent vingt hommes qui en valaient mille pour la
valeur. Les hauteurs s'armèrent aussi de batteries que
les élèves de l'école Polytechnique se chargèrent de
servir.

Voilà à peu près ce que j'appris des préparatifs que l'on opposa à l'ennemi qui, dès le jour suivant, le 30, à la pointe du jour, nous donna de ses nouvelles en lançant des obus sur faubourg Saint-Antoine.

Au premier coup de canon, tout ce que Paris possédait de troupes, de gardes nationaux, d'hommes de bonne volonté, se mit en mouvement et se conduisit avec courage. On vit aux barrières un grand nombre de citoyens sans armes, auxquels leur âge et leur faiblesse ne permettaient pas d'aller au combat, et des femmes du peuple recevoir les blessés qui rentraient, les conduire aux hôpitaux, les panser elles-mêmes, remonter leur courage par des libations d'eau-de-vie, etc. Depuis la barrière de Clichy jusqu'à celle de Neuilly, l'enceinte et les faubourgs extérieurs n'étaient défendus que par la garde parisienne ; et comme l'extrême gauche de l'armée ne s'étendait que jusqu'à Montmartre, cette ligne se trouvait abandonnée au maréchal Moncey. Néanmoins chacun fait son devoir ; et pendant huit heures l'étranger reçoit la mort avec une effroyable rapidité ; les hauteurs de Montmartre, la butte Saint-Chaumont, d'autres postes plus élevés, vomissent sans relâche le trépas, tandis que dans la campagne des combats partiels portent dans les rangs ennemis l'épouvante et l'effroi. A deux heures, les plaines de Saint-Denis et des Vertus étaient couvertes de cadavres d'hommes et de chevaux.

La perte des confédérés fut immense, et ils

n'avaient pas fait un seul prisonnier, enlevé une seule pièce de canon, un seul drapeau. Ils eurent autant d'hommes tués devant Paris qu'il y avait de Français pour combattre : le nombre en était au moins de trente mille. L'artillerie de l'école Polytechnique leur causa surtout des pertes irréparables : l'ennemi ne put lui-même s'empêcher d'admirer l'habileté de ses manœuvres et son imperturbable sang-froid. Plusieurs élèves moururent sur leurs pièces en les défendant, en les tenant étroitement embrassées. Les commandants particuliers de ces élèves, nommés entre eux, étaient dignes de leurs soldats; pourtant ils ne recevaient plus d'ordres supérieurs; il n'existait plus d'unité, plus d'ensemble. Tout le monde montrait de la bonne volonté, un courage héroïque; mais les munitions manquèrent quand Paris contenait encore des magasins militaires largement pourvus.

Cette journée du 30 mars, douloureusement mémorable, se termina, entre quatre et cinq heures du soir, par la rentrée des étrangers dans les villages de Pantin, Romainville, Charonne, etc. Le peuple attendait cependant avec inquiétude le dénoûment de ce grand drame. Le feu avait presque cessé, et on n'entendait plus, de loin en loin, que celui de quelques tirailleurs et les *hourras* des Cosaques qui paradaient dans la plaine. Fitz-James, le garde national (1), placé en tirailleur du côté de Clichy avec

---

(1) Ancien gendarme à la résidence de Neuilly, puis ventriloque; il établit au Palais-Royal, derrière le Théâtre-Français, un café où tout

plusieurs camarades et dès militaires isolés, dont je
faisais partie, n'ajusta jamais en vain un soldat
étranger. Pendant les cinq heures qu'il resta près de
Clichy, en embuscade derrière les murs du village
abandonné dès la veille, une cinquantaine d'hommes,
que cet intrépide citoyen animait de son exemple et
de son courage, tuèrent plus de cent Cosaques les
uns après les autres : ceux-ci n'osaient s'approcher,
tant notre attitude martiale et décidée leur imposait.
Ils pensaient peut-être aussi que Clichy était occupé
par nos troupes. Fitz-James allait en avant comme
un chasseur qui voit sa proie, se glissait le long d'un
mur, et lançait la mort. Un ou deux *barbares* s'ap-
prochaient-ils ? Fitz-James prenait sa carabine, ajus-
tait, tirait et s'écriait : « *Encore un qui descend la
garde* (1) ! » Mais enfin l'ennemi se ravisa... nous
nous vîmes bientôt assaillis de tous côtés par une
nuée de Cosaques. Fitz-James se défendit comme un
lion et succomba : chacun se conduisit bravement. Je
brûlai ma dernière cartouche, et, blessé, harassé de
fatigue, je tombai sans connaissance.

Ce fut durant cette sanglante et mémorable journée que l'on vit, vers le soir, à la tombée de la nuit,
deux jeunes bateliers, le frère et la sœur, s'approcher

Paris allait. Ses scènes bouffonnes de *ventriloquie,* et son chien
qu'il faisait *parler,* attiraient chaque soir une foule nombreuse qui se
renouvelait sans cesse.

(1) Tout ceci est l'exacte vérité. Le *Père La Pensée* l'a vu, et on peut
l'en croire : d'ailleurs il existe encore dans Paris des témoins oculaires
de ce fait d'armes glorieux.

des bords de la Seine, recueillir dans leur bateau nos blessés et les transporter sur l'autre rive, pour les soustraire à une mort inévitable.

Quand la nuit arriva, les deux bateliers remontèrent le fleuve, et, après deux heures d'une navigation pénible, abordèrent à leur modeste asile, transformé en une sorte d'hôpital où les blessés recevaient les premiers secours. Je fus l'un de ces blessés. Sans l'humanité de ces bons jeunes gens, je serais mort dans la plaine, foulé aux pieds par les chevaux russes.

Maintenant que la paix a succédé aux horreurs de la guerre et m'a rendu au foyer domestique, je me plais à publier la belle action de mes libérateurs. Aussi je vous conterai leur histoire, dont vous serez touché; car la vertu, partage des belles âmes, a toujours droit à nos hommages.

Ainsi, à demain, mes amis, et bonsoir à tous.

DIX-SEPTIÈME VEILLÉE.

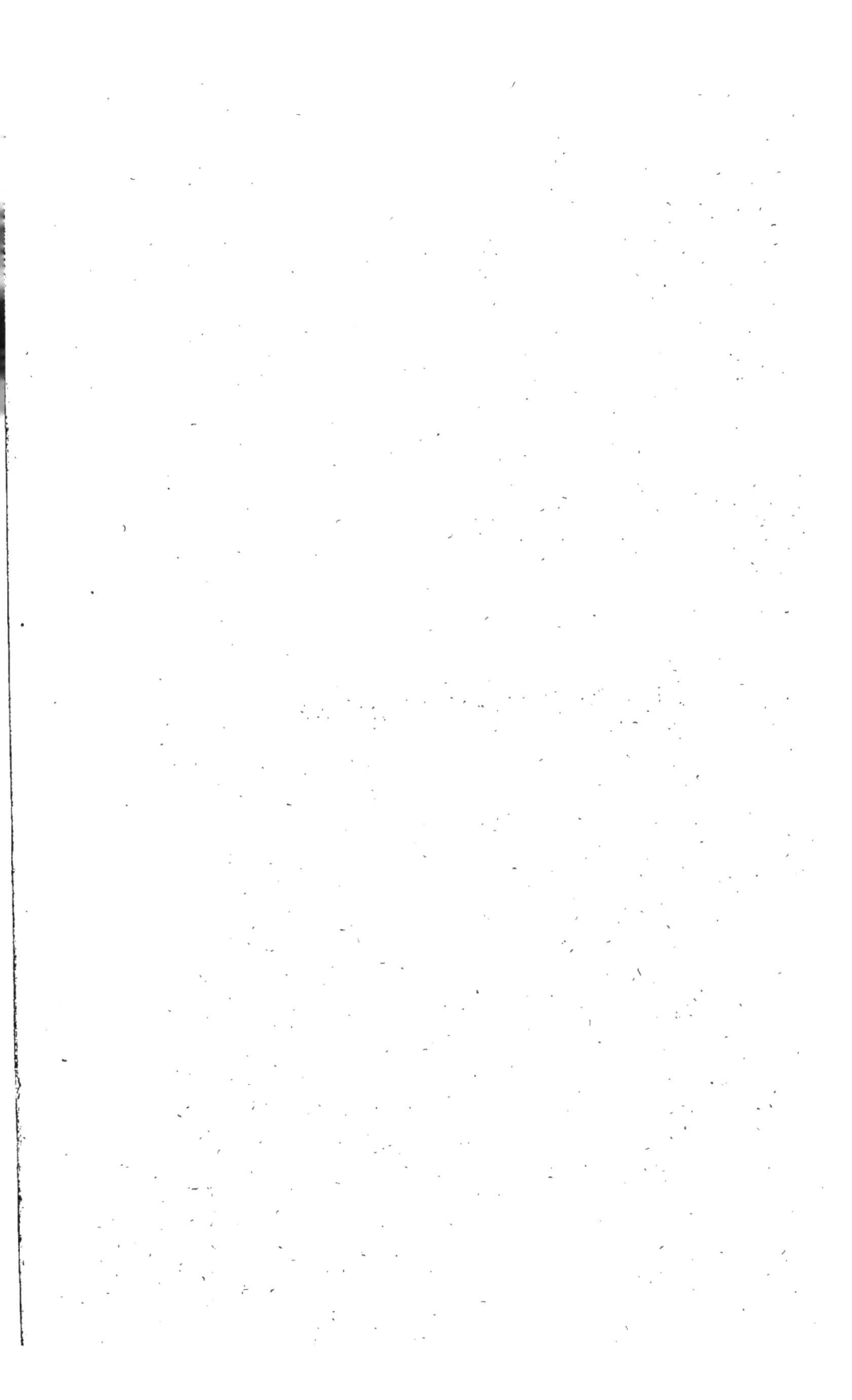

LE PETIT MARIN D'EAU DOUCE.

On parlait beaucoup à Surène, et avec éloge, de la famille d'un batelier, connue de père en fils par sa probité et sa bonne-conduite.

Le chef de cette famille se nommait Ducroc.

Leur maisonnette, placée sur le bord de la Seine, y existait depuis trois siècles, et s'y voit encore. Dans l'été, la maisonnette était remarquable par le petit bosquet d'arbres verts qui l'ombrageaient : on voyait tout auprès des pieux plantés le long du petit escalier

garni de galets qui conduit au bord de la rivière ;
des filets pendaient du vieux saule sous lequel la
mère de famille venait raccommoder ses vêtements
et peigner ses enfants, lorsqu'ils étaient petits.
Ducroc, marié jeune, perdit de bonne heure son
père et sa mère. Sa compagne, comme lui, était
fille d'un marin, batelier *passeur*, pêcheur au filet et
à la ligne. Leur heureux ménage ne désirait rien :
Dieu lui avait accordé le contentement, deux jolis
enfants l'embellissaient, et l'ouvrage n'allait pas mal,
car Ducroc passait pour l'un des plus intrépides et
des plus intelligents bateliers de Surène. Le moment
arriva où sa réputation et la circonstance le firent dé-
signer pour aller grossir le nombre de nos braves
marins du camp de Boulogne, qui préparaient une
descente en Angleterre. La marinière restait seule à
la maison avec le *bachot*, et, comme elle le disait,
ses deux enfants sur les bras : c'étaient une fille et
un garçon, encore bien jeunes sans doute ; mais la
rivière ne manquait pas d'habitants ; les promeneurs
du bois de Boulogne traversaient souvent la Seine
pour se rendre au Calvaire (1) ou à Nanterre (2) ; car

(1) On nomme aussi cette montagne le *Mont-Valérien*. C'est la plus
élevée de toutes celles qui bornent l'horizon de la capitale, dont elle se
trouve à deux lieues. Surène est à ses pieds ; le bois de Boulogne se
voit en face. Il y a eu des ermites autrefois sur cette montagne ; leur
demeure fut rasée pendant les horreurs de la révolution. Depuis on
y a bâti une église et rétabli le calvaire et les stations qui en dépendent.

(2) Nanterre est derrière le Mont-Valérien, sur la route de Saint-
Germain. Sainte Geneviève patronne de Paris, y prit naissance au

ainsi, dans cette position, on ne doit pas chômer, surtout quand on a des bras et de la santé : c'est ce que pensait Ducroc en embrassant sa ménagère, dont il connaissait le courage; ses enfants qui étaient bien obéissants, et qu'il abandonnait pour voler à la gloire : d'ailleurs, leur dit-il pour les consoler, je ne reviendrai pas sans un grade, une haute paye; peut-être aussi avec un bras ou une jambe de moins; mais qu'importe! les invalides ne sont-ils pas là? puis, je suis Français avant tout, et M. *Jean Bart*, dont nous avons lu l'histoire dans la *Bibliothèque bleue*, n'a pas commencé d'une manière plus brillante que moi : il était simple *matelot*, je suis *batelier*...

Ducroc partit donc. On ne dit pas tout ce que sa femme versa de larmes. Quant à ses enfants, ils étaient trop jeunes pour apprécier la perte qu'ils faisaient; ils retournèrent jouer au bord de la rivière avec des petits cailloux et des roseaux, et ne s'aperçurent du départ de leur père que lorsqu'ils ne le virent plus gouverner le *bachot* et ne l'entendirent plus leur conter des histoires...

L'absence de Ducroc fut longue, et sur son chemin ne croissaient pas toujours des roses. Employé sur les vaisseaux de la marine impériale, après avoir été attaché à la flottille de Boulogne, il alla

quatrième siècle. La fête de la sainte attire beaucoup de monde; on y fait des gâteaux qui sont très renommés, dont les enfants sont friands et font une consommation assez forte.

prendre sa part des combats que notre armée navale livra aux ennemis, puis aussi sa portion de la pitance des prisonniers captifs à bord des pontons de Gadix, où les Espagnols ne le traitèrent guère mieux que les Anglais ne nous traitaient chez eux, ce qui serait trop long à vous raconter. — Je vous dirai, pour abréger, que le batelier rentra dans ses foyers au bout de neuf ans, où on l'abandonna comme une vieille carcasse que l'on met en démolition quand on la juge hors de service. Le camarade avait reçu son congé : incapable d'être utile aux autres, presque à lui-même, il était revenu à Surène avec une jambe et un œil de moins, laissés, bien malgré lui sans doute, à Trafalgar (1).

Du reste, bien portant, à cela près des douleurs atroces qu'il endurait impatiemment chaque fois que le temps changeait ou que ses blessures se rouvraient.

Toutefois, si le corps du marin, couvert de cicatrices, ne lui permettait plus d'agir, sa tête était bonne encore, et il ne parlait, comme moi, que de batailles et de la gloire de nos armes.

Enfin le père Ducroc, revenant dans ses foyers avec quelques membres de moins, y reparaissait avec tout son bon sens, couvert de lauriers, la boutonnière ornée de l'étoile des braves, et 500 francs de pension. Son entrée à Surène, au milieu de ses concitoyens,

(1) Fameux combat naval entre les Français, les Espagnols et les Anglais, qui perdirent leur amiral lord Neslon, qui y fut tué.

devint presque un triomphe ; il était accompagné de
sa bonne femme, bien usée par le travail, mais soutenue par deux beaux enfants pleins de santé et de
vigueur, l'honneur du village autant que le vétéran
l'était de l'armée.

Ducroc, à peine réinstallé dans sa chaumière, s'y
vit l'objet des attentions bienveillantes des gros et des
petits bonnets de l'endroit. On savait alors honorer
le courage ; et Ducroc eut la gloire, lors du couron-
nement de la rosière, de conduire à l'autel la jeune
fille qui avait su en mériter le prix par sa vertu et sa
bonne conduite.

L'invalide cependant ne jouit pas longtemps du
bonheur ramené dans son ménage par son heureux
retour. Sa modeste compagne mourut au bout d'un
an ; lui-même, accablé, avant l'âge, des infirmités
qu'amènent les fatigues de la guerre, ne pouvait plus
que se traîner sur sa porte dans les jours d'été, s'y
placer au beau soleil, sous le gros saule, y raccommoder ses filets ou y tendre une ligne volante que le
poisson malin et défiant n'attaquait pas toujours.

— Julienne, sa fille, comptait alors dix-huit ans ;
Bastien, son garçon, en avait seize ; mais on lui en aurait
donné vingt tant il était fort, adroit et bien découpé.
Ces enfants, par leur bonne conduite et leur bon accord, avaient su gagner l'affection de tous leurs
voisins, et les habitants de Surène désignaient généralement Julienne pour être rosière l'année prochaine.

Le dimanche, Julienne et Bastien ne manquaient

jamais d'occupation. Ils possédaient deux batelets
qui étaient sans contredit les plus propres du port de
Surène. Dans leurs moments de loisir, et tandis que
le père s'occupait de ses filets, Bastien ornait les
bachots de peinture bleue, rouge, etc. : il en bou-
chait les trous; il barbouillait aussi de couleurs
bigarrées ses avirons, et plaçait des bourrelets de
vieux linge aux anneaux de celui de Julienne pour
lui en rendre les mouvements plus doux; il arran-
geait également une poignée et la douilletait à l'endroit où sa sœur plaçait habituellement ses mains,
afin de les garantir d'un trop rude frottement en
ramant. De son côté, Julienne, malgré ses travaux
de rivière, trouvait le temps de prendre soin des
vêtements et du linge de la famille; et la chemise
que, le dimanche, Bastien devait mettre ne manquait jamais d'être blanchie et plissée par sa sœur.
— Le collet en était orné de broderie de couleurs,
et la ceinture bleu de ciel, en belle serge fine, du
petit marin d'eau douce, ainsi qu'on le désignait,
s'embellissait encore d'une belle frange qu'y avait
cousue sa Julienne. Le dimanche, pendant le service
divin et les courses des jeunes bateliers sur la Seine,
l'ancien marin de la garde se trouvait abandonné aux
soins généreux d'une bonne parente, blanchisseuse
au Gros-Caillou, qu'on appelait la *mère Charité*,
bien nommée du reste; elle venait passer la journée
avec le vétéran, tandis que les enfants de celui-ci
gagnaient le *ciel* et de l'*argent*, ainsi que la parente
le disait. — *Le ciel*, parce qu'il était arrivé plus

d'une fois aux enfants de Ducroc de sauver des jeunes gens près de se noyer ; *de l'argent*, parce que leur zèle, leurs complaisances et leur adresse ne les en laissaient pas manquer. Il fallait voir le frère et la sœur, le jour de la fête des bateliers, vêtus tout en blanc, la boutonnière de l'un et le corset de l'autre ornés de fleurs !... Bastien faisait partie des quatre mariniers désignés pour accompagner l'immense bouquet qu'on portait en grande pompe à l'église avec le pain bénit : malgré sa jeunesse on l'avait placé en tête du cortége ; les autres camarades suivaient, précédés de la musique, se composant de plusieurs violons, de clarinettes, et du serpent de la paroisse. — Tous entendaient la messe avec un recueillement édifiant et prenaient leur morceau de pain bénit en faisant le signe de la croix. Chacun quittait l'église un peu meilleur, et avec de bonnes résolutions. Quant à Bastien et à Julienne, leurs cœurs si purs, leurs intentions droites et leurs offrandes s'étaient élevés vers Dieu avec une ferveur égale, et ils revenaient de son saint temple avec ce contentement que donne seule la vertu. — Pour le père Ducroc, que ses infirmités rendaient impotent et hors d'état d'aller jouir du même bienfait, il lisait, avec sa parente, un chapitre de l'*Imitation de Jésus-Christ*, pour y puiser de nouvelles forces, afin de supporter plus patiemment les douleurs souvent intolérables qu'il endurait ; ou bien il faisait sa petite partie : c'est ainsi que ses enfants le trouvaient lorsqu'ils arrivaient des offices, rentraient de leur journée, ou bien le

soir du *beau dimanche* (1). Alors le père, un peu
curieux lorsqu'il souffrait moins, leur adressait quelques questions.

— Hé bien, Julienne, qu'avez-vous fait aujour-
d'hui? contez-moi cela, mon enfant. — Père,
reprenait Julienne, ce matin, Bastien et moi, nous
avons été entendre la première messe... — Je le
sais ; et puis vous êtes venus déjeuner avec moi et la
bonne cousine, arrivée hier soir du Gros-Caillou,
pour me tenir compagnie pendant votre absence. —
Ensuite, père, continuait Bastien, comme il faisait
du soleil et que le temps s'annonçait devoir être
beau, j'ai nettoyé notre plus grand bachot, sur le
milieu duquel j'ai placé d'abord un joli banc, garni
du coussin rouge de ma sœur, puis un de nos draps
de lit de toile écrue pour en former une tente que
j'ai attachée avec deux perches plantées de chaque
côté. De cette manière, les promeneurs qui auraient
loué notre bachot devaient être garantis du soleil. —
Très bien ; et de quel côté avez-vous viré de bord
ensuite ? — Ma sœur s'était *attifée* (2) de son mieux.
Nous sommes accourus vous embrasser, ainsi que la
cousine *Charité*, à laquelle Julienne et moi nous
vous avons recommandé. — Oui, les larmes aux
yeux, montrant la peine que vous éprouviez à me
laisser, pour aller remplir les obligations de votre

(1) C'est ainsi qu'on appelle celui de la fête d'un endroit, celui où
il se rassemble le plus de monde, etc.

(2) Bien mise.

état, un devoir : c'est ainsi que chacun devrait
agir. — Mais, cher père, répondait Julienne, en
vous quittant nous emportions l'espoir de vous revoir
bientôt, de faire une bonne journée, et d'augmenter
notre petit trésor pour rendre votre sort plus doux,
s'il est possible.

— Pauvres enfants! continuez.

Mais la soirée est avancée, dit le père La Pensée,
et, si vous voulez bien me le permettre, mes amis,
nous remettrons à demain l'intéressante conversation
de Ducroc et de ses enfants. — Alors chacun se dit
bonsoir, et alla reposer.

DIX-HUITIÈME VEILLÉE.

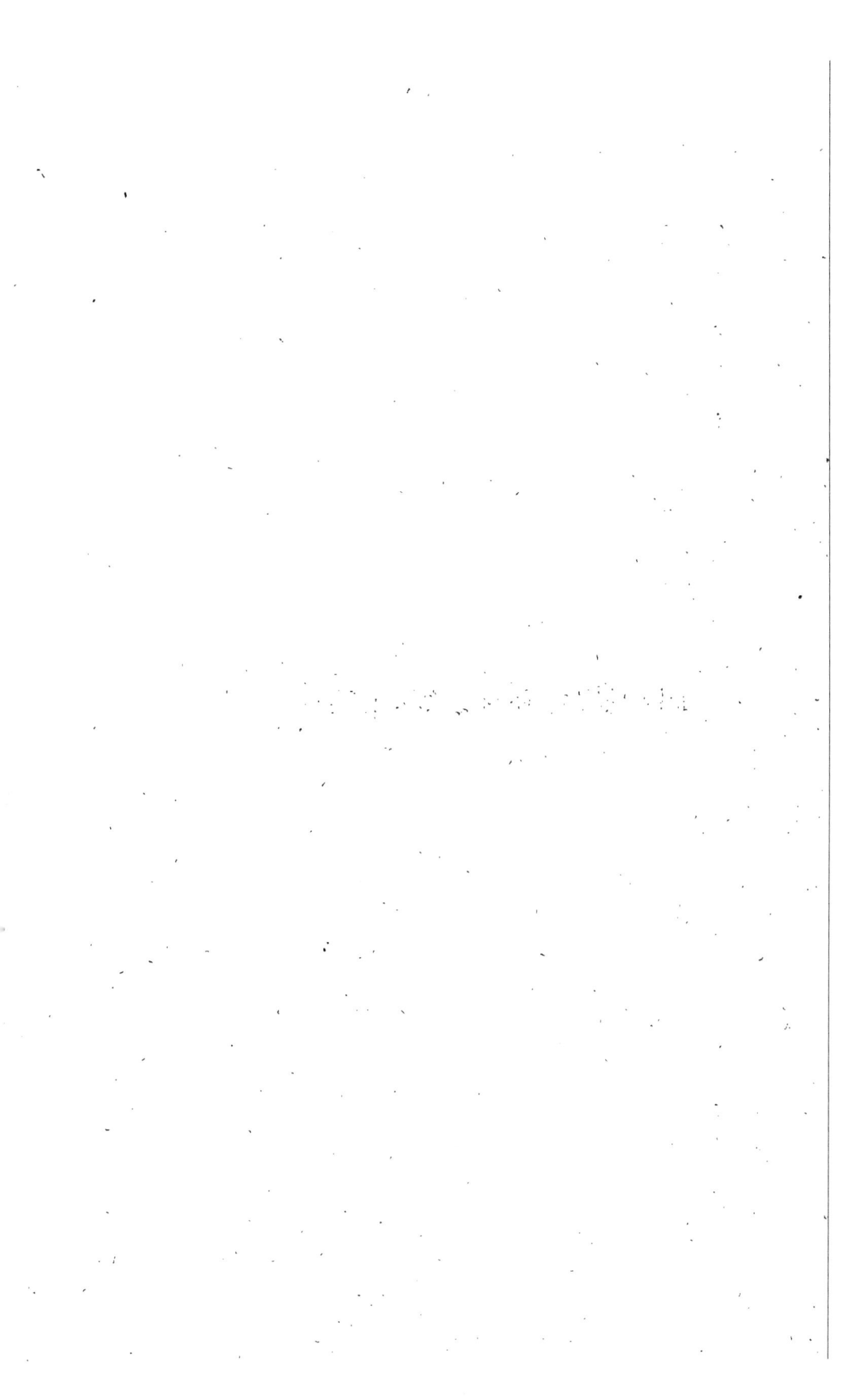

LA PROMENADE SUR L'EAU.

En poussant au large vers l'autre rive, poursuit la
fille de Ducroc, nous l'abordons précisément au
moment où une société sortait du bois de Boulogne
et cherchait un bateau. Mon frère lui a ôté son chapeau, et moi je lui ai tiré ma révérence, en deman-
dant si elle voulait passer. — Mieux que cela, me
répond un gros Monsieur, tout court, qui soufflait
beaucoup en essuyant son front dégarni de cheveux,
et qui portait un grand panier couvert : nous vou-

drions faire une promenade sur l'eau : combien nous
prendrez-vous? — C'est selon le temps que vous nous
emploierez, répliqua Bastien ; et puis votre compagnie est nombreuse. Il compta : un papa, une
maman, deux demoiselles, deux jeunes gens, un
enfant, cela fait sept ; le chien par dessus le marché.·

— C'était un gros caniche noir, et nous deux ; en
tout, neuf.

— C'est bien de la charge pour notre bateau,
dis-je à Bastien...

Oh ! que non, repartit le gros petit monsieur, qui
continuait à s'essuyer le front ; et, voyez? Coco et
moi, — Coco, c'était l'enfant, une grande latte de
douze ans, — ne tiendrons pas grande place ; tandis
que ces deux jeunes gens vous aideront à ramer et
que ces dames respireront le frais, assises sous votre
joli *auvent* de toile de ménage ; mais c'est qu'il est
charmant votre bateau ! Vous autres aussi, avec une
tournure toute proprette. — Bastien me souffle à
l'oreille : Bon ! puisque nous te convenons, tu paie-
ras en conscience ! — Comme je suis l'aînée, il
m'appartient de faire le prix. Je demande donc *deux*
francs par heure, ce qui assurément n'était pas
trop, à cause de la fête. — Ici le père Ducroc se
frotta les mains en disant : Et encore, Julienne, tu
n'as pas manqué, je pense, de réclamer le *pour-*
boire, si l'on se trouvait content de vous? — Non,
mon père, on n'en parla pas : mais on tomba d'accord et nous partîmes, laissant filer notre bateau
vers le pont de Neuilly. Il y avait bien deux heures

que nous naviguions. Les Parisiens, tout en disant de
temps en temps : Mon Dieu ! que les bords de la
Seine sont beaux ! comme ces maisons de campagne
sont agréables à voir !... bâillaient quelquefois ; ce
qui n'annonçait pas que tout le monde s'amusât
beaucoup. Cependant nous n'arrêtions pas, Bastien
et moi ; aussi nous atteignîmes en peu de temps
Saint-Ouen. Un des plus jeunes messieurs, faisant
alors l'entendu et le petit marin, nous dit que nous
devrions mettre en *panne;* son camarade voulait
qu'on mît à *la cape,* tandis que le gros petit monsieur criait à tue-tête qu'il était urgent qu'on jetât
l'ancre de miséricorde. Ces messieurs assaisonnaient
toutes ces expressions plaisantes de fous rires que les
dames partageaient, sans savoir précisément de quoi
on riait... En attendant, le temps, pour nous,
s'écoulait, et nous gagnions notre argent.

LE PÈRE DUCROC.

C'était là l'essentiel ; mais continue.

Il y avait près de quatre heures que nous suivions
le cours de la Seine, quand le gros monsieur se prit à
dire : — Il me semble que l'air de la rivière donne
de l'appétit. Qu'en dites-vous, Mesdames, et vous,
Messieurs ? — Oh ! j'ai bien faim ! s'écria aussitôt
M. Coco. Papa, j'ai bien faim ! — Le panier fut à l'instant découvert ; on en tira un énorme pâté que l'on
mit sur le banc occupé par les dames, qui voulurent
bien lui faire place. Un des jeunes gens le perça au
cœur, ainsi qu'il le dit lui-même, et en tira plusieurs
morceaux qu'il présenta aux demoiselles : celles-ci ne

firent aucune façon pour les prendre et les manger
sous le pouce avec les tranches de pain que le bourgeois taillait dans une longue miche qu'il eut bientôt
distribuée. Il tira encore du panier deux bouteilles et
deux timbales d'argent ; après avoir débouché le vin
avec le foret qui était au bout de son couteau, il
remplit les timbales, puis les présenta d'abord aux
dames... Les jeunes gens eurent leur tour après.

LE PÈRE DUCROC.

Et vous autres ? que faisiez-vous tandis que les
Parisiens se restauraient, sans avoir fait autre chose
que humer l'air ?

— Nous, continua sa fille, nous ramions toujours :
c'était notre devoir. Pourtant Bastien se ravisa aussi,
et, m'abandonnant la conduite du bachot, il s'en fut
prendre dans notre petite cabine quelques-unes des
provisions emportées pour notre journée, et vint à
moi avec un chiffon de pain et un morceau de fromage de Brie. — Tiens, sœur, me dit-il, prends ceci
en attendant la soupe de ce soir... — A ces mots, le
gros monsieur, qui, dans ce moment, avait la bouche
pleine, se tourna de mon côté : La jeune fille, me
cria-t-il, en mettant ses mains de chaque côté de sa
bouche en forme d'entonnoir, vous mangeriez bien
un morceau de ce pâté de Lesage, n'est-ce pas?...
Si on lui en offrait, pourquoi non? répondit pour
moi mon frère. — J'aperçus dans le moment un
léger débat entre le bourgeois et madame son épouse,
laquelle avait tout l'air de vouloir rendre la portion
que l'on me destinait aussi petite que possible.

Enfin cette portion, toute chétive qu'elle était, m'arriva. On voulut aussi me faire boire du vin, je refusai; mais il n'en fut pas de même de Bastien, à qui on ne manqua pas de dire que celui qu'on lui présentait valait mieux que tous ceux de Surène : sur quoi un des jeunes gens ajouta que, du temps d'Henri IV, c'était bien différent.

— Cher père, que vous dirai-je de plus? nous arrivâmes à l'île Saint-Denis après sept heures de promenade, de halte, de repos au bord de la Seine, où les jeunes gens et les demoiselles couraient les uns après les autres en riant et en chantant.

Après avoir mis la société à terre, le monsieur emportait le panier aux provisions et s'en allait sans nous payer, quand Bastien lui demanda honnêtement s'il fallait l'attendre.—Comment donc! certainement mon garçon, répondit le gros bourgeois; car vous nous ramènerez. — A Surène? répliquai-je. — Et où donc? continua-t-il. — En ce cas, si vous voulez prendre de bonne heure les voitures de Neuilly ou de Saint-Cloud, ne tardez pas; car il nous faudra bien plus de temps pour remonter la Seine que nous n'en avons mis à la descendre. Un des jeunes gens observa alors qu'il était à peine trois heures, qu'il vaudrait mieux faire le tour de l'île en bateau que de s'en retourner sitôt à Paris et par le même chemin, tandis que, si près de Saint-Denis, on pourrait s'en aller le soir à la fraîcheur, soit à pied, soit par les petites voitures : son avis fut adopté. Nous ramâmes autour de l'île : on s'arrêta plus d'une heure encore sur une

12..

jolie pelouse tapissée de marguerites, ombragée de
peupliers et de saules pleureurs ; les jeunes gens et
les demoiselles, toujours joyeux, se mirent à cueillir
les fleurs qui tombaient sous leurs mains ; M. Coco,
de son côté, avait juré une guerre à mort aux bou-
tons d'or, dont il portait sans cesse des poignées à
sa mère, en la priant d'en tresser des couronnes ; pendant que le chef de famille, aux mœurs douces, paisibles et innocentes, jetait à l'eau un morceau de bois sec
à son chien, en invitant Azor à l'aller chercher : l'animal le rapportait et venait ensuite se secouer au milieu
des dames qui se sauvaient pour l'éviter, tandis que
le caustique papa s'écriait, ivre de joie et de bonheur : — C'est charmant ! c'est charmant ! Vivent
les parties de campagne en famille, et surtout les
promenades sur l'eau !

— Le soir arriva, et le panier avait été si souvent
visité qu'il ne s'y trouvait plus que des miettes. —
Cependant tous les appétits étaient loin d'être satisfaits.
J'entendais M. Coco qui répétait à chaque instant :
Papa ! j'ai bien faim !

— Mon frère, plus hardi que moi, s'avisa dans
cet instant de demander aux Parisiens s'ils avaient
encore besoin de nos services. — Pas que je sache,
répliqua le monsieur ; et regardant les dames, qui,
réunies sous les arbres, s'éventaient avec leurs mou-
choirs : — Mesdames, qu'en pensez-vous ? vous
êtes-vous assez promenées comme cela ? leur dit-il.
— Mais, oui, mon ami ; répondit la maman. — En
ce cas, il faut payer l'instrument de nos plaisirs...

— Le papa fit le compte. Vous avez ramé *dix heures....*

— C'est *vingt francs*, notre bourgeois, dit mon frère qui venait de consulter sa montre d'argent. — Vingt francs ! miséricorde ! s'écria la maman... vingt francs sans boire ni manger ! — Voyons, jeune fille, dit le mari, tendez la main... et il y mit, les unes après les autres, trois pièces de cent sous. C'est encore cinq francs, Monsieur, et le *pour-boire* du batelier, répliquai-je. — Alors, lui, avec un gros soupir, plaça dans ma main la quatrième pièce, en disant : — Quant au *pour-boire*... je vous le souhaite ; c'est assez comme cela pour de petits marchands. Ma foi, je le confesse, à ces mots je pris de l'humeur, et lui dis, sans être malhonnête pourtant : — Pourquoi aussi de petits marchands veulent-ils singer les négociants ? — C'est juste, marmotta-t-il entre ses dents, je mérite l'apostrophe. — Pour lors Bastien et moi ayant salué la compagnie et remercié le bourgeois, nous achevâmes notre fromage de Brie et le dernier morceau de notre pain ; puis nous revirâmes de bord en nous dirigeant vers Surène, où nous ne sommes point arrivés de bonne heure, mais aussi où nous avons apporté le fruit d'une bonne journée, dont les écus bien sonnants sont dans la poche de mon tablier.

— C'est ainsi que le vieil invalide s'amusait le lundi matin à faire causer ses enfants sur l'emploi de leur journée du dimanche.

La vie de ces jeunes gens offrait toujours quelques

nouveaux motifs de louer leur conduite ; aussi il fallait voir comme l'ancien marin était fier de sa Julienne ! fier de son Bastien !...

Plus d'une fois ils portèrent secours aux malheureux en détresse ; plus d'une fois Bastien sauta à bord de quelque grand bateau trop chargé et près de périr pendant les grosses eaux, et avait aidé à l'alléger pour l'empêcher de couler.

Bastien nageait comme un poisson ; et souvent, dans le cours de l'été, en plongeant, il retira de l'eau maint écolier au moment où, en se baignant, il allait se noyer. De son côté, la jeune fille était connue par beaucoup de traits estimables. Je ne parle pas ici des soins qu'elle prodiguait à son père, envers lequel les deux jeunes gens étaient toujours tendres et respectueux, et de tout ce que celui-ci ne se lassait point de publier sur leurs bonnes façons à son égard et sur leurs vertueuses actions.

Un moment cruel acheva de mettre bien autrement encore à l'épreuve les belles qualités du frère et de la sœur. Napoléon venait de succomber ; les armées étrangères occupaient la France et s'avançaient sur Paris. Depuis dix jours, la plupart des habitants des campagnes qui environnent la capitale y arrivaient de tous côtés, traînant après eux ce qu'ils avaient de plus précieux. Les routes étaient couvertes de voitures de toute espèce, de bestiaux, de femmes, de vieillards, qui cherchaient un refuge dans Paris.

Ici le narrateur s'interrompit. — Mes bons amis,

dit-il à ses auditeurs, je ne saurais continuer aujourd'hui. Il m'est si pénible de parler des malheurs
de notre patrie que chaque fois que ce sujet de conversation se présente à ma pensée mon âme est na-
vrée de poignants souvenirs. Je réclame donc votre
indulgence. Je terminerai demain l'histoire du père
Ducroc et de ses dignes enfants, et vous dirai un mot
de quelques-unes de nos anciennes connaissances.

DIX-NEUVIÈME VEILLÉE.

LES BLESSÉS.

Ducroc et sa famille, quoiqu'ils n'eussent pas grand'chose à perdre, avaient peur également des étrangers. Nous avons été si longtemps chez eux buvant et mangeant comme si nous eussions été chez nous, disait l'invalide, qu'ils voudront être remboursés... c'est juste : mais évitons-leur au moins la peine de piller mon ménage et de m'achever ; car, je le sens, en les voyant, je ne pourrais me contenir malgré ma faiblesse, et ils m'enverraient tenir compagnie à tant de braves qui n'ont plus besoin de rien.

Le matin du 28 mars 1814, le père Ducroc, ses
enfants et leurs deux bateaux chargés de tout leur
mobilier, remontèrent donc la Seine jusqu'au Gros-
Caillou, où ils arrivèrent chez la bonne cousine et
s'y installèrent : celle-ci était grandement logée, à
cause de son état de blanchisseuse. Mais, le lendemain, la tête du vieux matelot de la garde s'exalta
en voyant passer de sa fenêtre plusieurs blessés
qu'on menait à l'hôpital; et, lorsqu'il entendit les
coups redoublés du canon : — Mes enfants! c'est ici
qu'il faut vous montrer! dit-il : prenez votre plus
grand bachot... On se bat dans la plaine Saint-
Denis, laissez-vous guider par votre bon cœur, votre
courage! usez de toute votre prudence et de votre présence d'esprit! Descendez la Seine en longeant le
côté que l'ennemi n'a pas encore occupé... Là vous
observerez... D'ailleurs que feraient-ils à de pauvres marins d'eau douce comme vous? rien : vous
n'êtes pas militaires... vous allez remplir une mission
d'humanité qui est sacrée! l'amour de vos semblables
vous met seul la rame à la main... La sensibilité du
cœur vous conduit..... jamais ce sentiment-là ne fut
étranger aux étrangers mêmes..... Allez donc, Dieu
sera votre pilote. Vous vous approcherez le plus
possible des rives du fleuve, voisines du combat, et
vous recueillerez tous les malheureux menacés de la
mort, surtout les *blessés*, entendez-vous, *surtout
les blessés!* Que l'Eternel vous protége! Le père
donna ensuite sa bénédiction à ses enfants, et il reprit encore en les embrassant : Puisse votre exemple être bientôt imité!

Bastien et Julienne partirent. D'autres bateliers les suivirent et se rendirent avec eux non loin du lieu témoin des fureurs de la guerre : ils en ramenèrent plusieurs blessés.

Le 30 mars au soir, Julienne et Bastien faisaient leur troisième voyage. Côtoyant les bords de la plaine Saint-Denis autant qu'ils le pouvaient, ils s'étaient abrités et placés hors de la vue des ennemis, derrière un îlot couvert de saules et cachés par les masures d'un ancien dépôt de tuiles abandonné.

Le petit marin d'eau douce et sa sœur entendaient de cet endroit une vive fusillade. Julienne et Bastien s'étaient aguerris : rien ne donne du ressort à l'âme comme la pensée d'une bonne action. Cependant le cœur du jeune garçon se gonflait au bruit du canon qui ne cessait de tirer ; il voulait se montrer avec le fusil qu'il portait à bord, afin d'aller rejoindre nos tirailleurs. — Tu sais ce que notre père nous a recommandé ? lui observait Julienne ; point d'hostilités de notre part, à moins que ce ne soit pour nous défendre ; mais accueillons tous les malheureux qui auront besoin de nos secours.

La canonnade avait cessé. On n'entendait plus, de loin en loin, que le bruit de quelques coups de fusil provenant de soldats isolés, restés dans la plaine. Bastien et Julienne, après avoir attaché leur bateau à un des saules de la rivière, sautent sur le rivage et marchent en avant. Quel spectacle, grand Dieu, vient frapper leurs yeux ! des maisons incendiées et en feu ; d'autres habitations dont les cendres fument

encore ; des chevaux qui fuient sans cavaliers... des
morts, des mourants à chaque pas ; dans le lointain,
des partis de féroces soldats errants qui cherchent des
victimes ou le trépas...

La fille de Ducroc, malgré sa résolution, va re-
brousser chemin, quand, troublée par son effroi, elle
heurte du pied un corps gisant à terre : c'est un
Français, un militaire blessé... Elle se penche vers
lui... son cœur bat encore.... — Sauvons-le ! s'écrie
la jeune fille. Et son frère et elle essaient à le charger sur leurs épaules, lorsque plusieurs grenadiers de
l'ancienne garde, blessés aussi et haletants de fatigue,
se présentent à eux.

— Aidez-nous, leur dit Bastien ; notre bateau
n'est pas loin et je puis vous sauver tous...

En peu d'instants ils arrivent sur la grève. Bientôt
le bateau est encombré des mourants qu'ils ont re-
cueillis sur le champ de bataille, ce qui ne les empêche point de manœuvrer et de pousser au large.

Ce corps ramassé et sauvé par ces braves enfants,
comme par miracle, était le mien. Mes libérateurs
eurent aussi le bonheur de voir renaître à la vie tous
ceux qu'ils purent enlever dans la plaine.

Déposés à l'hôpital avec nos camarades, nous ne
tardâmes pas à nous y guérir.

Avant de quitter Paris, je me rendis chez M. Doré
pour avoir des nouvelles de son fils. Il m'apprit que,
devenu colonel, M. Ernest avait chargé l'ennemi à
la tête de son régiment, et, écrasé la cavalerie russe ;
blessé, tombé de cheval, il allait être tué ou fait pri-

sonnier dans la plaine des Vertus, si son frère de lait Joseph Dubois, qui, le matin, entraîné par son zèle et son dévouement comme garde national, était sorti avec ses braves camarades, conduits au feu par le maréchal Moncey, Joseph ne se fût trouvé là au moment fatal, au moment où le colonel Doré, séparé de ses compagnons, était entouré d'ennemis ; la mort planait déjà sur sa tête : un féroce cavalier du Don, sa lance élevée, allait le frapper, lorsque Joseph arrive, reconnaît son frère, se jette au-devant de lui, pare le coup avec sa baïonnette qu'il enfonce dans la poitrine du guerrier russe qui, en tombant, va expirer sur la poussière. C'est ainsi que Joseph paya la dette de l'amitié, en sauvant la vie du remplaçant généreux qui n'avait pas hésité à sacrifier la sienne pour lui.

Le colonel, rétabli pendant que je me trouvais à l'hôpital, alla rejoindre son régiment qui se trouvait à Blois. Je reçus à cette époque des nouvelles de Victor, devenu capitaine des Mamelucks, et de notre geolier, fait officier dans le corps des cuirassiers de M. Ernest. Pour moi, après avoir embrassé mille fois le père Ducroc et ses dignes enfants, je pris le parti de me retirer dans mon village, où je reçus, quelques mois après, mon brevet de pension et mon congé.

Voilà, mes amis, comment le *Père La Pensée* a fini ses campagnes. En racontant plusieurs de mes aventures de guerre, j'ai bien laissé encore par ci,

par là, quelque chose dans le sac. Si, l'hiver pro-
chain, nous continuons nos veillées et que l'âge n'ait
pas trop épaissi ma langue, je pourrai reprendre mon
récit que je ferai en sorte de rendre le moins en-
nuyeux possible. — Jusque-là, au revoir, mes bons
amis.

TABLE

DES MATIÈRES.

FIN DE LA TABLE.

ISLE. — IMP. ARDANT FRÈRES.